日本野菜ソムリエ協会の人たちが本当に食べている美人食

はじめに

みなさん、はじめまして。

日本野菜ソムリエ協会理事長の福井と申します。

このたびは『日本野菜ソムリエ協会の人たちが本当に食べている美人食』を

お手にとっていただき、ありがとうございます。

私たち日本野菜ソムリエ協会は、

野菜ソムリエを育成することにより、

生活者視点で野菜・果物の魅力を社会で広めるべく活動をして参りました。

発足から早10年。

スーパーの青果売場で生産者名が明記されるようになったり、

野菜をウリにするレストランができたり、野菜に対する社会の認識も、

随分と変化しました。

"野菜は健康に良いから食べる"

というのはもちろんですが、それだけではなく、

"美味しいから食べる""楽しいから食べる"

というように、ポジティブに野菜を楽しんでいる人も増えたように思います。

「食」は日常的な営みであるにもかかわらず、

感動を生むことができる素晴らしい行いです。

この本を通じて野菜の楽しさ、

食の楽しさを発見してもらえることを心より願っております。

日本野菜ソムリエ協会
理事長 福井 栄治

contents

はじめに	3
この本の使い方	6
私たちはこんな仕事をしています！	8
名物スタッフを紹介します！	10
「キレイ」を叶える美人食レシピ	13

目的1 美肌

秋刀魚の生姜南蛮漬け定食	14
鶏肉のカラフルチャプチェ定食	16
かぼちゃと海老のクリーミーカレー定食	18
かぶと鶏手羽元のさっぱり煮定食	20
アボカドとサーモンのユッケ丼	22
赤ビタドリンク	24

目的2 ダイエット

鮭のグリル　ラビゴットソース風定食	26
なすと豚肉のミルフィーユカツ定食	28
蒸しタラのきのこたっぷり甘酢あんかけ定食	30
オクラのチキンロール定食	32
きのこと鶏ミンチの甘辛丼	34
お腹スッキリジュース	36

目的3 丈夫になる

いんげんたっぷりポークロール定食	38
野菜と海老のとろり煮定食	40
セロリとシーフードのグラタン定食	42
タンドリーチキンサンド定食	44
あじオクラとろろ丼	46
みかんラッシー	48

目的4 アンチエイジング

パプリカと手羽先のラタトゥユ定食	50
枝豆イワシバーグ定食	52
トマトライスカレー定食	54
ほうれん草のクリームパスタ定食	56
まぐろのゴマステーキ丼	58
リフレッシュ青汁	60

目的5 スタミナ

エリンギ麻婆定食	62
ニラとうなぎのスクランブルエッグ定食	64
じゃがいもと豚肉のキムチ炒め定食	66
アスパラガスの塩炒め定食	68
にんにくの芽の焼肉丼	70
ヴィシソワーズ風じゃがいもジュース	72

ひとこと簡単レシピ	74
野菜こぼれ話	76
春・夏・秋・冬　ベジフル図鑑	77
食材別索引	86

この本の使い方

各カテゴリーごとに定食4レシピと、丼、ジュースのレシピをひとつずつ紹介しています。各定食に、エネルギーや野菜量、野菜ソムリエのアドバイスつきです。

摂れる野菜量がひと目でわかる

緑黄色野菜・淡色野菜に分けて、それぞれに掲載。

緑黄色野菜とは、βカロテンを豊富に含む野菜の総称です。淡色野菜とは、野菜の中で緑黄色野菜と区別するための名前です。本書では淡色野菜の部分は「いも類」、「きのこ類」も含めた数字になっています。

※野菜量は、缶詰や乾物は含みません。

野菜ソムリエアドバイス
プロならではのポイントを紹介

食材の扱い方や、献立の調理ポイント、カテゴリーテーマに関するマメ知識など、アレンジも考慮に入れた野菜ソムリエからの役立つアドバイスが満載です。

この本の材料 & 作り方について

レシピ内の表示についての注意点

- 材料はすべて2人分です。
- レシピの野菜量・カロリーは1人分を表記しています。
- 定食のごはんは95g、丼のごはんは180gです。
- 小さじ1は5ml、大さじ1は15ml、1カップは200mlです。
- 電子レンジの調理時間は500wの場合の目安です。その他のw数の場合は、様子を見ながら調整してください。
- レシピ中の「水溶き片栗粉」は、特に表記のない場合、水：片栗粉＝1：1で作っています。

メイン野菜
野菜への知識を深められる

レシピ中で使った野菜の中でも、特にテーマに深く関連するメイン野菜をピックアップ！　効率よく栄養素を摂取するポイントなどを知ることができます。

日本野菜ソムリエ協会の紹介

日本野菜ソムリエ協会の仕事内容や、
そこで働く人々の生活をご紹介。
野菜を通して健康と食の楽しさを追求
する"野菜愛"が溢れています！

私たちはこんな仕事をしています！

日本野菜ソムリエ協会とは？

野菜ソムリエを支える日本野菜ソムリエ協会の人々。
実際にはどんな仕事をしているの？　協会で働くスタッフの仕事内容をのぞき見！

野菜ソムリエとは
野菜・果物の魅力を伝えるスペシャリスト

野菜ソムリエとは、日本野菜ソムリエ協会が認定する資格で、野菜・果物の知識を身につけ、そのおいしさや楽しさを理解し伝えることができるスペシャリストのこと。様々な切り口から野菜・果物を学んだ野菜ソムリエは、生産者と生活者の架け橋となり、それぞれの得意分野を活かしながら社会で活躍しています。

コースは3段階！
コースごとに充実のカリキュラム

野菜・果物の魅力を知り自ら楽しむことができるジュニア野菜ソムリエコース。その魅力を周囲に伝えることができる野菜ソムリエコース。野菜・果物を通じて社会で活躍できるシニア野菜ソムリエコース。3つのコースそれぞれのゴールに沿ってカリキュラムが組まれています。

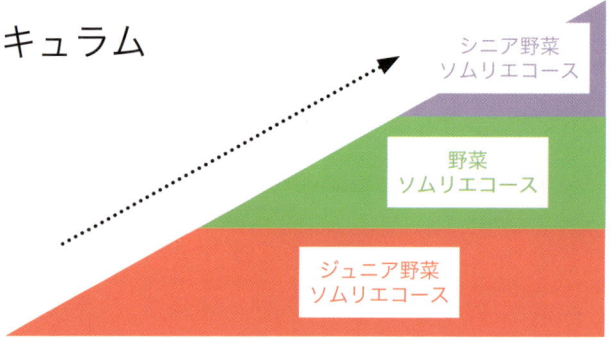

野菜ソムリエを支えるスタッフのお仕事

協会で働くスタッフの仕事内容をご紹介。
野菜・果物への愛と情熱が随所に垣間見られます！

安藤由美子さん
運営部
社歴／5年
資格／ジュニア野菜ソムリエ

人との出会い、新しい食との出合いがこの仕事の魅力！

Q, 協会で働くきっかけは？
A, 資格取得後、前職の仕事終了後や土日に受講生サポートのアルバイトや青果販売店のお手伝いを行っていたところ、社員面接に声をかけて頂きました。
Q, 仕事内容は？
A, 講座の設計とセールスプロモーション。
Q, 働いて良かったことは？
A, 受講を通して常に魅力的な方々との出会いがあること。青果物や食のトレンドにいち早く触れる機会があるのも魅力。白い苺を初めて見たときの驚きと感動は今でも覚えています。

高屋理江さん
コミュニケーション事業部
ネットワーク推進グループ
社歴／4年
資格／国際フラワーアレンジメント協会フラワーアレンジメント講師

大好きな野菜を通じて笑顔が見られるのが魅力！

Q、協会で働くきっかけは？
A、もともと野菜が大好きで、ハローワークでの求人で「野菜ソムリエ」のワードが気になったから。
Q、仕事内容は？
A、講座受講生、修了生のスキルアップの場の提供、サポート。
Q、働いて良かったことは？
A、修了生が「野菜ソムリエ」として活躍している姿を見たとき。また、面白い野菜・果物に出合える。
Q、これからの目標は？
A、野菜ソムリエを増やし、子どものなりたい職業ランキングベスト5に入ること！

吉田敦さん
野菜ソムリエの店『Ef(エフ)』用賀店店長
社歴／6年
資格／ジュニア野菜ソムリエ

様々な価値観に触れることで、自分の視野も広がりました！

Q、協会で働くきっかけは？
A、講座アテンドスタッフ勤務中に、理事長に一本釣りして頂きました。
Q、仕事内容は？
A、青果販売店である野菜ソムリエの店『Ef』用賀店にて店長業務。
Q、働いて良かったことは？
A、いろんな業種の方々とお会いでき、様々な価値観に触れられること。新しいお取引のために農家さんの開拓をしていると、農家さんの熱い思いに心打たれることもしばしばです。
Q、これからの目標は？
A、任されているお店の発展！

河野千佳世さん
広報部
社歴／2年
資格／小原流いけばな教授

全国のステキな修了生と繋がれることが楽しい！

Q、協会で働くきっかけは？
A、前職の同僚がわたしのお弁当を見て、資格取得を薦めてくれたから。
Q、仕事内容は？
A、協会の取り組みを広く一般の方に知って頂くべく広報活動をしています。メディアと修了生をつなぐ、架け橋的な役目だと思っています。
Q、働いて良かったことは？
A、輝く修了生のそばで一緒に仕事ができること。これに一番幸せを感じ、アドレナリンが出るような気がします！

澤田のはらさん
コミュニケーション事業部
マーケティンググループ
社歴／2年
資格／ジュニア野菜ソムリエ

休憩時間に果物購入！ ランチ時に食べるのが楽しみ…♪

Q、協会で働くきっかけは？
A、理事長の本を読んで、その理念に強く共感したから。
Q、仕事内容は？
A、企業や自治体と野菜ソムリエの取り組みの企画・コーディネート。
Q、働いて良かったことは？
A、修了生が活躍し野菜・果物の魅力を伝えることで、生活者のみなさんの生活が豊かになるのを見るとき。これからも野菜ソムリエの活躍の場を広げることで、より多くの方の食生活を豊かにするお手伝いをしていきたいです。

名物スタッフを紹介します！

楽しいが一番！十人十色のベジライフ

野菜好きだらけの日本野菜ソムリエ協会の中でも、屈指の"野菜LOVER"3人が登場。ヘルシー＆ビューティなそれぞれのベジフルライフをご紹介。

井上麻知子さん（コミュニケーション事業部）の
"仕事は私の食の情報源"な1週間
外食が重なっても、野菜はたっぷり摂ってます！

仕事柄、メーカーや自治体とのタイアップ案件でイベントに関わることが多い井上さん。「斬新な野菜の食べ方や、珍しい野菜などに出合えるのが面白く、この仕事に就いてますます食事が楽しくなりました。外食時も自炊時も、この仕事で得た知識をもとに、野菜やメニューを選んでいますね」。

▼Monday

（朝）朝はグリーンスムージーでスタート。本日はバナナ・みかん・小松菜・セロリ。

（昼）ランチはササッとラーメン。でも野菜はたっぷり480g入っています！

▼Friday
（昼）打ち合わせ後、ホテル日航東京でアスリートフードマイスター考案のランチを。

（夜）協会では残業フルーツは日常的な光景。愛媛県のレインボーキウイと、太天柿。

▼Tuesday

（朝）お気に入りのパン屋さんのパンと、作り置きのピクルス、キウイ、牛乳。

（夜）この日の夜は野菜ソムリエ協会認定レストラン『AWkitchenTokyo』へ。

▼Saturday

（昼）レストランイベントに参加。青森県のTOM-VEGE野菜を満喫。

（夜）夕方軽くランニング後に、ゴールドキウイ・みかん・ヨーグルトのジュースを。

▼Wednesday

（昼）『野菜ソムリエサミット』の審査員。テーマは温州みかん。

（夜）イベント後のお疲れ会でピザ屋さんへ。野菜たっぷりのものを選びました。

▼Sunday
（朝）休日のゆっくり朝ごはん。高知県からいただいた野菜をたっぷり使って。

（夜）11種類の野菜を蒸し焼きに。ビールもベジフルな新潟のビール、エール・ド・ル・レクチェ。

▼Thursday

（昼）明治さんと提案している新しい野菜の食べ方『チョコベジ』の試食会。

（夜）帰宅が遅かったので、たっぷりの野菜を出汁で煮たあっさり味の煮物を夕食に。

馬場梢さん（教務部）の
"家庭と野菜が美を作る"な取り分け献立
子どもと一緒に楽しむ、見た目も美しいベジフルライフ

「子どもの頃から野菜が大好きで、前職ではデパ地下のサラダの販売促進や商品企画をしていました。野菜好きのおかげか、妊娠中も便秘知らずでお医者さんもびっくり！ 産後もすぐに体型が戻りました」という馬場さん。1歳8ヵ月の息子さんと取り分けメニューで楽しむベジフル献立を見せてもらいました。

朝

ある日の朝食。見た目はほぼ同じですが、味や食感を変えています。

カボチャサラダサンドに果物を添えて。

野菜たっぷりのスパニッシュオムレツ。手前が息子用。

昼

手前は大人用のタイカレー。奥は息子用あんかけトマト丼。

外食の昼食はパスタランチなど野菜たっぷりのものをチョイス。

こちらも外食。ラタトゥユランチです。

夜

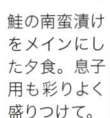

鮭の南蛮漬けをメインにした夕食。息子用も彩りよく盛りつけて。

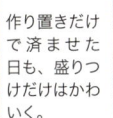
作り置きだけで済ませた日も、盛りつけだけはかわいく。

煮豚がメインの夕食。手前のワンプレートにまとめたのが息子用。

焼き野菜のおろしだれがメインのヘルシーな夕食。

たっぷりの野菜をグリル。息子は後付け調味料ナシで同じものを。

パティシエのご主人 思い出スウィーツ♡

バースデーケーキ。
結婚式のウェディングケーキ。

馬場さんのご主人はパティシエ！ 誕生日や結婚式などイベント時のケーキは、愛のこもった手作りなんです。

ベリーダンスで美BODYキープ

「仲間と踊ったときの一枚。手前が私です」

馬場さんの趣味はベリーダンス。出産後は家でのエクササイズ中心にマイペースに楽しんでいるそう。

中谷 完さん（新規事業部）の
"野菜系男子の見本！"な、お弁当生活
たっぷり食べてもスリム体型なのは野菜のおかげ！

栄養士の資格を持つ中谷さん。栄養士の勉強をする中で、野菜の知識を強化することが差別化に繋がると思い、野菜ソムリエの資格を取得したそう。「食べるために生きている、と言っても過言ではないくらい食べるのが好き！ でも野菜をいっぱい食べているおかげで太らずにすっきり体型を維持してます」。

ナイスアイデア！ これで毎日ベジランチ
コンテナ弁当

中谷さんのお弁当は、奥様が作ったおかずを自分で弁当箱に詰めるスタイル。主食・主菜・副菜それぞれの箱をレンジで温めてお皿に盛りつければ豪華なワンプレートに早変わり！

朝はフルーツ、夜はオリーブオイルで
ヘルシーライフ

ご本人と同じく、奥様も栄養士の資格を持つ中谷さんご夫婦。朝も夜も栄養面はばっちり考慮。社内で担当しているバランスの良い食事法を学べる「ビューティーフードプログラム」のエッセンスを実践中。

夜 気づけば、夜ごはんにオリーブオイルを使っていることが多いそう。「いろいろな種類を食べ方によって使い分けを楽しんでいます」

そうめんでつけめん風。レモンの酸味もプラス。

セロリスープに風味付け。

最近のヒットは太巻き＋オリーブオイル。美味！

朝 朝は基本的にフルーツを2種類食べているという中谷さん。「ランニングをしたときは、ごはんと味噌汁などもしっかり食べます」

果物は旬と栄養を考慮して。→バナナとみかん。

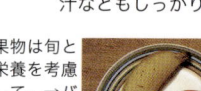

←洋ナシ＆みかん。

↑ブルーベリー＆みかん。

レース後 エネルギー補給＆疲労回復 ごはん＋梅

レース前 エネルギー補給＆代謝サポート ごはん＋海老＋万能ねぎ

マラソンで体力UP!

マラソンが趣味の中谷さん。こちらは大会当日のスペシャルおにぎり。「タイミングよく炭水化物とタンパク質を同時に摂れるよう気をつけています」

「キレイ」を叶える美人食レシピ

Keyword 1 ／ **美肌**
みずみずしくハリのある肌は、女性の憧れ。身体の内側から美肌を目指すための、効果的なレシピをご紹介。

Keyword 2 ／ **ダイエット**
美しく健康的にやせるためのダイエットをサポートする、カロリーひかえめ＆美味しい野菜レシピがずらり。

Keyword 3 ／ **丈夫になる**
最近疲れやすくて……なんて悩みを持つ人におすすめなのがこちら。強い身体作りのための野菜レシピです。

Keyword 4 ／ **アンチエイジング**
アンチエイジングの鍵は、身体の酸化を防ぐこと。野菜のパワーを借りて、若々しくいるためのコツをご紹介。

Keyword 5 ／ **スタミナ**
元気いっぱいに毎日を過ごすための野菜レシピならこちら。ボリュームたっぷりで男性にもおすすめです。

美肌定食 1

秋刀魚の生姜南蛮漬け定食

DHA豊富な秋刀魚をたっぷりの野菜とともにいただく、ビタミン豊富な美肌定食。
素揚げした野菜の甘みが美味しさのポイントです。

緑黄色野菜
140g
淡色野菜
220g

☑main
秋刀魚の生姜南蛮漬け

●材料

人参	1/2本	A 酢	大さじ2
ししとう	4本	醤油	大さじ2
長ねぎ	1/2本	みりん	大さじ2
生姜	1片	砂糖	小さじ1
秋刀魚(三枚おろしにし、中骨を抜いたもの)	1尾	タカノツメ	少々
		塩、酒	各少量
		片栗粉、揚げ油	各適量

●作り方

1. 人参は1cm角のスティック状に切る。ししとうは竹串で穴を数箇所開ける。長ねぎは斜め切りにし、生姜は半分すりおろし、残り半分はみじん切りにする。鍋にAを合わせ、一度沸騰させる。
2. 秋刀魚を3等分に切り、塩、酒をふる。
3. 揚げ油を中温に熱し、人参、ししとう、長ねぎを1分ほど揚げて油をきる。2の水気を拭き取り、片栗粉をまぶしたら、からりと揚げて油をきる。
4. 3をAに漬け込み、味をなじませる。

> **野菜ソムリエアドバイス**
> 作りたてはもちろん、冷めても美味しい一品。生姜の辛味や栄養成分は皮の部分に多く含まれているので、すりおろすときは皮ごと利用するのがおすすめ。

☑side
赤ピーマンときのこのマリネ

●材料

赤ピーマン	2個	A 白ワインビネガー	大さじ2
ぶなしめじ、舞茸、椎茸などお好みのきのこ合わせて	200g	はちみつ	大さじ1/2
にんにく(みじん切り)	1片分	塩、胡椒	各少々
バジル	少々	オリーブオイル	大さじ1
		塩	少々

●作り方

1. 赤ピーマンは細切り、きのこ類は石づきを取り除き食べやすい大きさに切る。
2. フライパンににんにく、オリーブオイルを入れて火にかけ、香りが出てきたら1を入れて炒める。塩をふり、しんなりとしたら火を止め、混ぜ合わせたAに漬け込み味をなじませる。
3. 手でちぎったバジルをちらす。

> **野菜ソムリエアドバイス**
> きのこ類は低カロリーで食物繊維が豊富なので、肥満防止や便秘に効果的。たくさん作って常備菜にするのもおすすめです。

☑soup
じゃがいもとなめこのお味噌汁

●材料

じゃがいも	中1個	だし汁	300ml
なめこ	50g	味噌	大さじ1 1/2
大根葉	1/2本分		

●作り方

1. じゃがいもは一口大に切り、なめこは洗ってザルに上げる。大根葉は長さ3cmに切る。
2. 鍋にだし汁、じゃがいもを入れて火にかけ、柔らかくなるまで煮る。
3. なめこ、大根葉を加えて煮立たせ、味噌を溶き入れる。

> **野菜ソムリエアドバイス**
> 捨ててしまいがちな大根葉ですが、実は美肌に効果のあるビタミンCをはじめ、カルシウムや鉄も豊富。意外と食べやすいので、ぜひ色んな献立に活用してみてください。

☑rice
ごはん

Total 666kcal

美肌食材1
人参

人参には、抗酸化作用があるβカロテンが豊富。紫外線によって発生した活性酸素を除去してくれるので、日焼けによる色素沈着やシミを抑える効果が期待でき、肌のうるおいを保つ働きもあります。

> 美肌定食
> 2

鶏肉のカラフルチャプチェ定食

野菜をたっぷり食べられることでも人気の韓国料理は、美肌のための強い味方。
色とりどりの野菜で見た目も華やかな定食です。

緑黄色野菜
268g

淡色野菜
109g

☑main 鶏肉のカラフルチャプチェ

●材料

ピーマン……………… 2個	A 醤油………… 大さじ1
パプリカ(赤・黄)…各1/2個	オイスターソース
椎茸…………………… 2個	………… 大さじ1/2
鶏もも肉……………… 1/2枚	きび砂糖… 大さじ1/2
春雨…………………… 30g	おろしにんにく…1片分
	醤油、砂糖……… 各少々
	ごま油……… 大さじ1
	白ごま……………… 少量

●作り方

1. ピーマン、パプリカは種を取り除いて細切り、椎茸は薄切りにする。鶏肉は細切りにし、醤油、砂糖で下味をつける。
2. 春雨は熱湯をかけて戻し、ザルに上げておく。
3. フライパンにごま油を熱し、鶏肉を炒める。肉の色が変わってきたら、野菜類を加えて炒める。
4. 野菜類に火が通ったら2を入れ、Aを加えて炒め合わせる。全体に味がなじんだら火を止め、器に盛りつけ、白ごまをふる。

> **野菜ソムリエアドバイス**
> 油との相性が良いピーマン。炒めることで独特の青臭さが消えて美味しくなるうえ、βカロテンの吸収もアップします。

☑side 三色ナムル

●材料

人参……………… 1/2本	A 醤油………… 小さじ3
ほうれん草……… 1/2束	半ずり白ごま
大豆もやし……… 100g	………… 小さじ1 1/2
	ごま油…小さじ1 1/2
	砂糖、おろしにんにく、
	粉唐辛子……… 各少々
	塩………………… 適量

●作り方

1. 人参は千切りにしてさっと塩茹でし、水気をきってAの1/3の量で和える。
2. ほうれん草は塩茹でし、水気を絞って長さ4cmに切り、Aの1/3の量で和える。
3. 大豆もやしは塩茹でし、ザルに上げて粗熱がとれたら水気を絞り、Aの1/3の量で和える。

> **野菜ソムリエアドバイス**
> 野菜の美味しさをシンプルに味わえるナムル。旬の好みの野菜を使えば、栄養バランスも良く、食卓が華やかになります。

☑rice ごはん

Total 629kcal

☑soup 小松菜とワカメのかき玉スープ

●材料

小松菜……………… 1/2束	鶏がらスープ…… 400ml
乾燥ワカメ……… 大さじ1	塩、胡椒………… 各少々
卵…………………… 1個	ごま油………… 小さじ1
	ラー油……………… 適宜

●作り方

1. 小松菜は茎と葉に分け、食べやすい大きさに切る。
2. 鍋にごま油を熱し、小松菜の茎を炒め、鶏がらスープを加えて加熱し、ワカメを入れてひと煮立ちさせる。
3. 小松菜の葉を加え、塩、胡椒で味を調え、溶き卵を回し入れる。好みでラー油を加える。

> **野菜ソムリエアドバイス**
> 小松菜は栄養価の高い緑黄色野菜。カルシウムや鉄、ビタミンCやB群など、女性なら摂っておきたい栄養素が豊富に含まれています。

美肌食材2

ピーマン、パプリカ

ピーマン、パプリカはビタミンEやCが豊富。ビタミンCはコラーゲン合成に欠かせない成分であり、ビタミンEと協力して抗酸化力を発揮してくれます。

美肌定食 3

かぼちゃと海老のクリーミーカレー定食

市販のルゥを使わない本格派カレー。
スパイシーな中にも、ココナッツミルクとかぼちゃの甘みがただよう優しい味わいです。

緑黄色野菜
248g

淡色野菜
124g

✓ main
かぼちゃと海老のクリーミーカレー

● 材料

かぼちゃ	100g	カレー粉	大さじ1
玉ねぎ	1/2個	白ワイン、サラダ油	
トマト	中1個		各少々
にんにく	1/2片	A ココナッツミルク	
生姜	1/2片		150ml
むき海老	10尾	白ワイン	大さじ2
かぼちゃ、ゴーヤ、人参		クミン	少々
	各適量	塩、胡椒	各適量
		ガラムマサラ	少々

● 作り方

1. かぼちゃは角切り、玉ねぎは薄切り、トマトはくし形に切り、にんにく、生姜はみじん切りにする。海老は塩揉みして水で洗い、白ワインをふりかけておく。
2. フライパンに油を熱し、海老をさっと炒めて取り出す。にんにく、生姜を入れて火にかけ、香りを出し、玉ねぎを入れ、しんなりするまで炒める。
3. カレー粉を加えて炒め、かぼちゃ、トマト、Aを加えて煮立たせたら、火を弱めて蓋をし、10分ほど煮る。
4. 海老を加え、全体にとろみがついたら、塩、胡椒で味を調え、ガラムマサラを加える。
5. かぼちゃ、ゴーヤ、人参を薄くスライスして水気をよくふいて素揚げし、カレーに添える。

> 野菜ソムリエアドバイス
> かぼちゃは糖質が多いですが、食物繊維も豊富。素揚げした野菜チップを添えてサクサクの食感も楽しみましょう。

Total **657kcal**

美肌食材3
かぼちゃ

かぼちゃには"若返りのビタミン"と言われるビタミンCやE、βカロテンが豊富。ともに抗酸化力のあるβカロテンとビタミンC、Eは相乗効果で、細胞の老化や各種病気を防ぐ働きもあり、美肌にも役立ちます。

✓ side
キウイのヨーグルトサラダ

● 材料

キウイフルーツ	1個	A	ヨーグルト 大さじ1
フリルレタス	適量		ハーフマヨネーズ
			小さじ1
			粒マスタード 小さじ1
			塩 少々

● 作り方

1. キウイフルーツは皮をむき、食べやすい大きさに切る。レタスは食べやすい大きさにちぎる。
2. 器にキウイ、レタスを盛りつけ、合わせたAをかける。

> 野菜ソムリエアドバイス
> キウイフルーツは果物の中でもビタミンCが豊富。ビタミンCは活性酸素を抑える抗酸化作用があり、美肌のためにたっぷり摂りたい栄養素です。

✓ soup
モロヘイヤとプチトマトのスープ

● 材料

モロヘイヤ	1/2束	オリーブオイル	小さじ1
プチトマト	4個	水	300ml
玉ねぎ	1/2個	コンソメ	小さじ1
にんにく	1/2片	塩、胡椒	各少々

● 作り方

1. モロヘイヤは葉をちぎって、熱湯でさっと茹で、包丁でたたく。
2. プチトマトは半分に切り、玉ねぎは薄切り、にんにくはみじん切りにする。
3. 鍋ににんにく、オリーブオイルを入れて火にかけ、香りが出たら玉ねぎを加えて炒める。プチトマト、モロヘイヤ、水、コンソメを入れて煮立たせ、塩、胡椒で味を調える。

> 野菜ソムリエアドバイス
> クレオパトラも好んで食べたというモロヘイヤには、各種ビタミンや鉄分などのミネラルが豊富。粘りの成分には胃の粘膜を保護する効果も。

✓ rice
雑穀ごはん

緑黄色野菜 **50**g
淡色野菜 **309**g

美肌定食 4

かぶと鶏手羽元のさっぱり煮定食

お酢の効果で、柔らかく仕上がった鶏手羽元が絶品。
コラーゲンたっぷりの煮汁を吸った、とろけるようなかぶも美味!

✓main
かぶと鶏手羽元のさっぱり煮

●材料

小かぶ	2個	酢	大さじ2
玉ねぎ	1個	A 醤油	大さじ1 1/2
鶏手羽元	4本	酒	大さじ1
茹でたかぶの葉	適量	きび砂糖	大さじ1
		塩、サラダ油	各少々

●作り方

1. かぶは皮をむいてくし形に、玉ねぎもくし形に切る。鶏肉は塩を少々ふる。
2. フライパンにサラダ油を熱し、鶏肉を入れて全体に焼き色をつける。
3. 酢を加えて煮立たせ、水を200ml（分量外）注ぐ。かぶ、玉ねぎを加え、煮立ったらアクを取り、Aを加え、落とし蓋をして10分ほど煮る。
4. 鶏肉を上下に返し、さらに10分ほど煮て、煮汁が減ってきたら蓋を取って煮詰める。器に盛りつけ、茹でたかぶの葉を食べやすい長さに切って添える。

> **野菜ソムリエアドバイス**
> 鶏手羽元には、肌にハリを与えてくれるコラーゲンが豊富。ビタミンCが含まれるかぶやかぶの葉と一緒に摂取すると、コラーゲンが効率良く吸収できます。

✓side
焼き椎茸の明太おろし和え

●材料

椎茸	6個	A 明太子	大さじ1
茹でたかぶの葉	2本	醤油	小さじ2
		大根おろし	適量
		柚子の皮	適量

●作り方

1. 椎茸をグリルで焼き、食べやすい大きさに切る。茹でたかぶの葉はみじん切りにしておく。
2. 1をAで和え、水気を切った大根おろしを加え、柚子の皮をちらす。

> **野菜ソムリエアドバイス**
> 香ばしい焼き椎茸と柚子の香りが相性抜群の箸休め。椎茸は半日くらい天日干しをすると、骨の形成に欠かせないビタミンDがアップします。

✓soup
さつまいもと豆の食べるスープ

●材料

さつまいも	1/3本	白ワイン	大さじ2
さやいんげん	6本	水	150ml
玉ねぎ	1/3個	豆乳	150ml
ミックスビーンズ	40g	コンソメ	少々
ベーコン	1枚	オリーブオイル	少々
		塩、胡椒	各適量

●作り方

1. さつまいもは洗って一口大に切り、水にさらす。さやいんげんは長さ3cmに切る。玉ねぎは薄切り、ベーコンは1cm幅に切る。
2. 鍋にオリーブオイルを熱し、玉ねぎ、ベーコンを炒め、しんなりしてきたらさつまいもを加えて炒める。白ワインを入れて煮立たせ、ミックスビーンズ、水、コンソメを加えてさつまいもが柔らかくなるまで煮る。
3. さやいんげん、豆乳を加えて火を通し、塩、胡椒で味を調える。豆乳を煮立たせないように注意する。

> **野菜ソムリエアドバイス**
> さつまいもはビタミンC、Eが豊富。皮の近くには整腸作用のある食物繊維がたっぷりなので、皮付きで食べるのがおすすめ。

Total **727**kcal

✓rice
かぶ菜飯

美肌食材4
かぶ

かぶはビタミンCを含み、かぶの葉はさらにβカロテンやカルシウム、鉄など多くの栄養素を豊富に含みます。ビタミンCはシミ、ソバカス、しわ、たるみの予防・改善に役立ちます。また、かぶの根は消化酵素のアミラーゼも含んでいます。ただし、消化酵素は熱に弱いことも知っておきましょう。

> 美肌丼

アボカドとサーモンのユッケ丼

ねっとりとしたアボカドとサーモンが、口の中でとろけるような美味しさ。
コチュジャンを効かせた甘辛いタレが新鮮！

緑黄色野菜
10g

淡色野菜
3g

☑ donburi
アボカドとサーモンのユッケ丼

● 材料

アボカド	1個	
サーモン(生食用)	150g	
レモン果汁	少々	

A
醤油	大さじ1
コチュジャン	大さじ1
みりん	小さじ1
ごま油	小さじ1
おろしにんにく	少々
半ずり白ごま	大さじ1
小ねぎ(小口切り)	大さじ1

海苔、かいわれ大根 … 各適量
ごはん ………………… 2膳

● 作り方

1. サーモンはぶつ切りにし、合わせたAに漬け込んで、冷蔵庫に30分ほど置いておく。
2. アボカドは皮と種を取り除き、角切りにし、レモン果汁を少々ふり、1と混ぜ合わせる。
3. 器にごはんをよそい、ちぎった海苔、かいわれ大根を敷き、2の半量をこんもりとのせる。

> **野菜ソムリエアドバイス**
> サーモンは必須脂肪酸などを多く含み、美肌効果大。アリシン豊富なにんにくとともに摂取することでビタミンB_1も効率良く吸収できます。

Total **675**kcal

美肌食材5
アボカド

"森のバター"と言われるアボカドは栄養価が高く、コレステロールを下げる不飽和脂肪酸や、老化防止の働きがあるビタミンEが豊富。強い抗酸化作用を持ち、血行を良くする働きから皮膚の新陳代謝を高め、シミやソバカスを防止する効果も期待できます。

美肌

美肌ジュース

赤ビタドリンク

赤い野菜と赤いフルーツを使った、目にも鮮やかなビタミンたっぷりジュース。
朝食にプラスしたら1日元気に過ごせそう!

緑黄色野菜
113g

☑juice 赤ビタドリンク

●材料
- トマト ……………………… 1個
- パプリカ(赤) ……… 1/2個
- グレープフルーツ(ピンク) …… 1/2個
- オリーブオイル ……… 数滴

●作り方
1. トマトは湯むきし、小さく切る。パプリカも小さく切る。グレープフルーツは果汁を搾る。
2. ミキサーに1の材料を入れて攪拌させる。
3. グラスに注ぎ、オリーブオイルをたらす。

> **野菜ソムリエアドバイス**　トマトに含まれるリコピンは、油と一緒に摂取すると吸収率がアップ！　オリーブオイルを数滴たらすのがポイントです。

Total **65kcal**

美肌

美肌になる！ 野菜摂取のPoint

美肌に欠かせない成分といえば、ビタミンC！　ビタミンCを含む野菜、果物は数多くありますが、熱に弱く、水溶性の栄養素だということも覚えておきましょう。しっかり摂取するには、生食や加熱時間を短くすることが大切です。ただ、葉もの野菜など加熱することによりカサが減って、その分たくさん量を摂ることができるメニューであれば、それでもOK。スープなどに使えば、溶け出た栄養素も摂取することができます。

また、切る前に洗うのもポイント。断面が多ければ多いほど、ビタミンは水に流れ出てしまいます。キャベツであれば一枚の葉の状態で洗ってから、千切りにしましょう。でも、葉をパリッとさせるなど食感を重視する意味では、千切りにしてから水にさらす方がよいので、目的別に調理法を変えながら、臨機応変に楽しんで調理してみてください。

ダイエット定食 1

鮭のグリル ラビゴットソース風定食

油を使わずに焼きあげた鮭に、カラフルな野菜のソースをかけた、目にも美味しいダイエット定食です。

緑黄色野菜 **193**g
淡色野菜 **80**g

☑main 鮭のグリル ラビゴットソース風

● 材料

トマト(小)	1個	A 豆乳 大さじ2
キュウリ	1本	レモン果汁 小さじ2
コーン(缶詰)	大さじ2	はちみつ 小さじ1/2
パセリ(みじん切り)	小さじ2	塩 小さじ1/4
		胡椒 少々
生鮭(皮なし)	2切れ	塩、胡椒 各少々

● 作り方

1. 鮭は塩、胡椒をふって10分ほど置いた後、ペーパータオルで水気をふく。オーブントースターに薄く油を塗ったアルミ箔を敷き、鮭をのせて10～15分焼く。
2. 皮をむいたトマトと、塩(分量外)で板ずりしたキュウリは7mm角に切る。Aを混ぜ合わせ、盛りつける直前に水気をきったトマト、キュウリ、コーンを加えて混ぜる。
3. 器に2を敷き、中央に鮭をのせてパセリをトッピングする。

> **野菜ソムリエアドバイス**
> ノンオイルでも食べ応えあり！ 小さく切った野菜を皿全体に敷くと食べる時間がかかるため、食感の違いを楽しめることに加え、早食いによる過食を防ぎます。

☑side かぼちゃのミルク煮

● 材料

かぼちゃ	100g	A 牛乳 50ml
水菜	適量	水 100ml
芽ひじき(乾燥)	2g	はちみつ 小さじ1
プチトマト	4個	B 醤油、砂糖 各小さじ1
		水 50ml

● 作り方

1. かぼちゃは一口大に、水菜は長さ5cmに切る。芽ひじきはたっぷりの水で戻して水気をきっておく。
2. 鍋にAとかぼちゃを入れ、蓋をして中火で5分煮たら蓋を取り、弱火で汁気がなくなるまで煮る。別の小鍋にBと芽ひじきを入れ、約3分茹でて、水気をきる。
3. かぼちゃとひじきを軽くつぶしながら混ぜ、器に水菜、プチトマトとともに盛りつける。

> **野菜ソムリエアドバイス**
> かぼちゃとひじきは、整腸作用のある食物繊維とむくみを防ぐカリウムが豊富。かぼちゃが硬すぎるときは、あらかじめ電子レンジで加熱すると切りやすくなります。

☑rice ごはん

Total 488kcal

☑soup 大豆もやしの食べるカレースープ

● 材料

大豆もやし	60g	水 400ml
豆苗	1/2パック	コンソメ 1個
緑豆春雨	20g	カレー粉 小さじ1/2
ハム	30g	胡椒 少々

● 作り方

1. 豆苗は根元の少し上から、緑豆春雨は約15cmにキッチンバサミで切る。ハムは細切りにしておく。
2. 鍋に水とコンソメを入れて溶かし、大豆もやしを加えて蓋をして中火にかける。沸騰したら2分後にカレー粉、春雨、ハムを入れ、春雨が柔らかくなったら豆苗を加えてさっと火を通し、胡椒をふる。

> **野菜ソムリエアドバイス**
> 大豆もやしは低カロリーな上、普通のもやしよりも便秘を防ぐ食物繊維、むくみを防ぐカリウムを多く含みます。豆苗の変色や春雨の膨張防止のため、食べる直前に作りましょう。

ダイエット食材1
キュウリ

カリウムが含まれていて、むくみ改善効果や利尿作用などがあります。カロリーも低く、ダイエットに上手に利用したい野菜。ただ、食べ過ぎると身体が冷える場合があるので、量や調理方法も工夫しましょう。

> ダイエット定食 2

なすと豚肉のミルフィーユカツ定食

薄切り肉になすを挟むことで、
カロリーを抑え、ボリュームアップを実現したダイエットカツ。
カロリーオフのアイデアが光る定食です。

緑黄色野菜 **73**g
淡色野菜 **155**g

✓main
なすと豚肉のミルフィーユカツ

●材料

なす(肉より小さいもの)……1本	小麦粉……………………適量
キャベツ………………3枚	乾燥パン粉(細目)…3/4カップ
ブロッコリー………1/5株	オリーブオイル…小さじ1
プチトマト……………4個	A 水………………100ml
豚もも薄切り肉………6枚	塩………………小さじ1
塩、胡椒…………各少々	B 赤味噌…大さじ1 1/2
卵………………………1個	みりん………小さじ3
	はちみつ…小さじ1 1/2

●作り方

1. なすは縦4枚、厚さ7mmにスライスしてAに5分漬け、ペーパータオルで水分をふく。
2. キャベツは千切りにする。ブロッコリーは一口大に切り、水100ml、塩小さじ1/2(ともに分量外)を入れたフライパンに入れ、蓋をして3分強火で蒸し焼きにして、冷ましておく。
3. パン粉はフライパンで軽くきつね色になるまで乾煎りし、油をまぶしておく。豚肉に軽く塩、胡椒をふる。
4. 広げた豚肉となすに、混ぜ合わせたBを薄く塗りながら、肉、なす、肉、なす、肉の順に重ねる。縁をしっかり押さえ、茶こしで薄く小麦粉をつけ、溶き卵、パン粉の順に衣をつけて軽く押さえ、形を整える。
5. 予熱しておいた200℃のオーブンにオーブンシートを敷き、約15分焼く。キャベツ、ブロッコリー、プチトマトとともに皿に盛りつける。

> **野菜ソムリエアドバイス**
> 油を吸収しやすいなすは、濃い塩水に漬けることでアクが抜けると同時に油の吸収も防ぎます。炒めたパン粉をつけて焼くことで、揚げなくても香ばしい仕上がりに。

Total 599kcal

ダイエット食材2
ごぼう

ごぼうは水溶性、不溶性両方の食物繊維が豊富。また、腸内善玉菌を増やす作用があるオリゴ糖も含むので、食物繊維とのW効果で、便秘予防に役立ちます。皮の部分に旨味と香りがあるので、こそげすぎないように注意。

✓side
切干大根と水菜の和え物

●材料

切干大根(乾)………20g	A 酢………大さじ1 1/2
水菜……………………40g	砂糖…………大さじ1
ハム……………………30g	醤油………小さじ1/2
黒ごま…………小さじ2	塩………………少々
	ごま油……小さじ1/4

●作り方

1. 切干大根はキッチンバサミで長さ10cmに切り、熱湯で5分戻した後、水洗いしてよく絞っておく。水菜は長さ5cm、ハムは細切りにする。
2. Aを混ぜ合わせた中に、切干大根、ハム、黒ごまを入れて混ぜ、食べる直前に水菜と和える。

> **野菜ソムリエアドバイス**
> 切干大根は生の大根に比べ、相対的に整腸を助ける食物繊維が多く、旨味や栄養価もアップしています。噛み応えのある切干大根と水菜の歯ごたえで、満腹感も得られます。

✓soup
ごぼうとこんにゃくの味噌汁

●材料

ごぼう…………………50g	だし汁……………450ml
こんにゃく……………50g	味噌……………大さじ1
小ねぎ…………………適量	七味唐辛子…………適量

●作り方

1. ごぼうはたわしで洗い、斜めに3mmの厚さに切って、さっと水にさらす。こんにゃくはアク抜きをしてから短冊切りに、小ねぎは小口切りにする。
2. 鍋にだし汁とごぼうを入れて火にかけ、柔らかくなったらこんにゃくを加える。約1分煮たら味噌を溶き入れ、すぐに火を止めて器に盛り、小ねぎをのせ、七味唐辛子をふる。

> **野菜ソムリエアドバイス**
> ともに食物繊維たっぷりで、整腸作用のある低カロリーなごぼうとこんにゃくを使った味噌汁。噛み応えもあるので、自然と早食いによる過食を防ぐことができます。

✓rice
玄米ごはん

ダイエット定食 3

蒸しタラのきのこたっぷり甘酢あんかけ定食

野菜とタラを、油を使わない蒸し焼きにしてカロリーオフ！
食べ応えのある副菜を添えて、文句ナシの満足感です。

緑黄色野菜
127g
淡色野菜
236g

☑ main
蒸しタラのきのこたっぷり甘酢あんかけ

● 材料

えのきたけ……1/2パック	長ねぎ(みじん切り)…10cm
ぶなしめじ……1/2パック	生姜(みじん切り)……1片分
椎茸……2枚	(甘酢あん)
白菜……100g	B 鶏がらスープの素
玉ねぎ……1/6個	……小さじ1 1/2
パプリカ(赤)……1/5個	砂糖、酒、醤油、ケチャップ、酢
タラ……2切れ	……各大さじ1
A 塩……ひとつまみ	胡椒……少々
胡椒……少々	水溶き片栗粉……小さじ4
酒……大さじ1	ごま油……小さじ1/2
水……100ml	

● 作り方

1. 白菜の葉は一口大、軸は1cm幅の細切りに。玉ねぎは薄切り、パプリカは5mm幅の千切り、きのこ類は食べやすい大きさに切る。
2. タラにAをまぶす。Bの材料を合わせておく。
3. フライパンに白菜の軸、玉ねぎ、きのこ類、パプリカ、白菜の黄白色の葉、タラの順にのせ、水を入れ、蓋をして強火で約5～6分蒸し焼きにする。
4. タラだけ器に盛り、長ねぎ、生姜、B、白菜の緑色の葉を加え加熱したら、水溶き片栗粉でとろみをつけてごま油をかける。
5. タラの上に熱々の4をかける。

> **野菜ソムリエアドバイス**
> 素材すべてを蒸すことで、油を使わず低カロリーに。きのこたっぷりのあんでボリュームアップ。白菜の軸は繊維に垂直に切ると、旨味のある水分が出やすくなります。

Total 539kcal

ダイエット食材3
里芋

いも類の中では低カロリーの里芋。ぬめり成分であるガラクタンなどが、胃腸の粘膜を保護したりコレステロールの吸収を抑え、整腸を助けてくれます。また、むくみを防ぐカリウムも多く含むので、ダイエット中にもおすすめの野菜です。

 ☑ side
小松菜と里芋のオイスターソースがけ

● 材料

小松菜……200g	A オイスターソース、醤油
里芋……小3～4個	……各小さじ2
	ごま油……小さじ1
	白ごま……2つまみ

● 作り方

1. 里芋はくるりと包丁で切れ目を入れ、約15分蒸す(ラップで包み、電子レンジで約5分加熱してもOK)。皮をむき、厚さ7mmの輪切りにする。
2. 小松菜は塩を入れた熱湯でさっと茹で、冷水に取って絞り、長さ約5cmに切る。
3. 1と2を混ぜて器に盛り、白ごまをトッピングし、食べる直前によく混ぜたAをかける。

> **野菜ソムリエアドバイス**
> 調味料はあえるよりかけるほうが塩分カットに。生の里芋の皮をむくとき、手に塩か酢をつけるか、洗った里芋を乾かしてからむくと、かゆくなるのをある程度防げます。

 ☑ soup
オクラとささみのスープ

● 材料

オクラ……6本	片栗粉……小さじ2
コーン粒(缶詰)……大さじ2	A 鶏がらスープの素……小さじ2
鶏ささみ……2本	水……300ml
塩……ひとつまみ	酒……小さじ2
酒……小さじ1	水溶き片栗粉……適量
	塩、胡椒……各少々

● 作り方

1. オクラは小口切りにする。鶏肉は筋を取り、ななめ切りにして塩、酒をまぶし、ビニール袋に片栗粉とともに入れ、ふってまぶす。
2. 鍋にAを入れて火にかけ、沸騰したら鶏肉とコーンを加える。火が通ったら水溶き片栗粉でとろみをつけ、オクラを加えてさっと煮て、塩、胡椒で味を調える。

> **野菜ソムリエアドバイス**
> オクラとコーンは、便通を助ける食物繊維が豊富なおなかすっきりスープ。ささみは片栗粉でコーティングすることでパサつかず、柔らかいままツルリといただけます。

 ☑ rice
ごはん

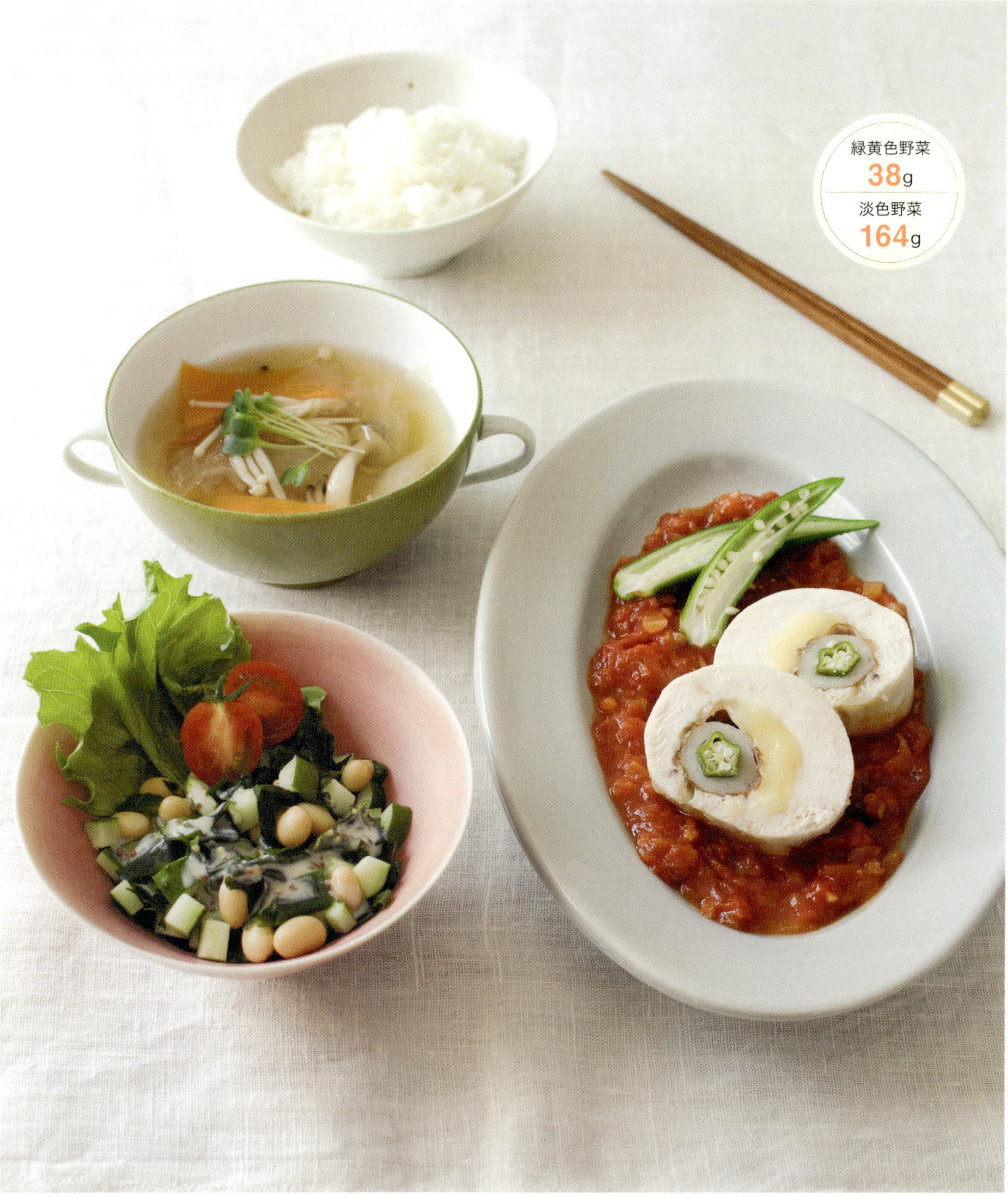

緑黄色野菜
38g
淡色野菜
164g

ダイエット定食
4

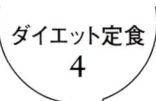

オクラのチキンロール定食

低カロリーの鶏むね肉をたっぷりの野菜とともに。
シャキシャキやポリポリなどの、野菜の食感の妙が楽しめる定食です。

✓main オクラのチキンロール

●材料

オクラ	4本	A	牛乳 50ml
ちくわ	1本		砂糖 小さじ1
鶏むね肉(皮なし)	1枚	B	玉ねぎ(みじん切り)…1/4個
ピザ用チーズ	20g		にんにく(みじん切り)…小さじ1
オリーブオイル	小さじ1	C	トマト缶(ダイスカット)…1/2缶
塩、胡椒	各少々		コンソメ 1個
			砂糖 小さじ1
			白ワイン 大さじ2

●作り方

1. オクラはがくを取り、2本は下茹でし、縦半分に切る。残り2本は先の細い部分をみじん切りにし(D)、太い部分はちくわの穴に両側から差し込む。鶏肉はAを揉み込んで30分漬け、ペーパータオルで水気をふく。
2. オリーブオイルでBを炒め、CとDを加えてとろみがつくまで煮込み、胡椒で味を調える。
3. ラップの中央に鶏肉を置いて観音開きにし、ラップをかぶせて麺棒等で叩き、約1cmの厚さにして、両面に塩、胡椒をふる。上のラップをとり、鶏肉の端を2cmあけて全体にチーズ、中央にちくわをのせ、巻きずしの要領で、鶏肉でちくわをしっかり巻き込み、ラップの両端をねじってしっかり止める。皿にのせ、電子レンジで4分加熱する。このとき出てきた汁は2のソースに混ぜて煮込む。
4. 器に2のソースを敷き、輪切りにした3を中央に並べ、オクラを添える。

> 野菜ソムリエアドバイス
> 砂糖を入れた牛乳に鶏肉を漬けると、パサつきやすいむね肉が加熱してもしっとり柔らかに仕上がります。

Total **562**kcal

ダイエット食材4
オクラ

オクラのネバネバの中にある水溶性食物繊維のペクチンは、体内で水分を吸収してふくらみ、大腸の働きを活発にして便通を良くしてくれます。また、糖質の吸収をゆるやかにしたり、脂肪の吸収を防ぐ効果も期待できるのでダイエットにおすすめの野菜です。

✓side キュウリとワカメと大豆のサラダ

●材料

キュウリ	1本	A	カスピ海ヨーグルト 大さじ1
レタス	適量		レモン果汁 小さじ1
水煮大豆	50g		粗挽きマスタード、はちみつ
プチトマト	2個		各小さじ1/2
乾燥ワカメ	3g		

●作り方

1. キュウリは塩(分量外)で板ずりして水洗いし、7mm角に切る。ワカメは水で戻し一口大に切る。
2. キュウリ、ワカメ、大豆を和えて、レタス、半分に切ったプチトマトとともに皿に盛り、混ぜたAをかける。

> 野菜ソムリエアドバイス
> カスピ海ヨーグルトは酸味が少なくまろやかで、とろりとしているのでおすすめ。むくみ改善に効果的なカリウム豊富なキュウリ、大豆、ワカメそれぞれの食感が楽しいサイドメニュー。

✓soup 人参と大根の紅白リボンスープ

●材料

人参	20g	かいわれ大根	適量
大根	40g	コンソメ	1個
ぶなしめじ	1/5パック	水	300ml
えのきたけ	1/2パック	塩、胡椒	各適量

●作り方

1. 人参、大根はピーラーでリボン状にスライスする。ぶなしめじとえのきたけは石づきの上から切る。かいわれ大根は長さ3cmに切る。
2. 鍋に水、コンソメ、人参、大根、ぶなしめじを入れて火にかけ、柔らかくなったらえのきたけを加えてさっと煮て、塩、胡椒で味を調える。器に盛り、かいわれ大根をトッピングする。

> 野菜ソムリエアドバイス
> 低カロリーのきのこを2種類使って、旨味とボリュームをアップ。大根と人参はピーラーで切ると簡単で火の通りも早く時短料理になるうえ、見た目も華やかに仕上がります。

✓rice ごはん

ダイエット丼

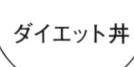

きのこと鶏ミンチの甘辛丼

こっくりとした赤味噌の風味と、
きのこの旨味たっぷりの絶品丼。
ダイエット中ならずともリピートしたい美味しさです。

緑黄色野菜
40g
淡色野菜
55g

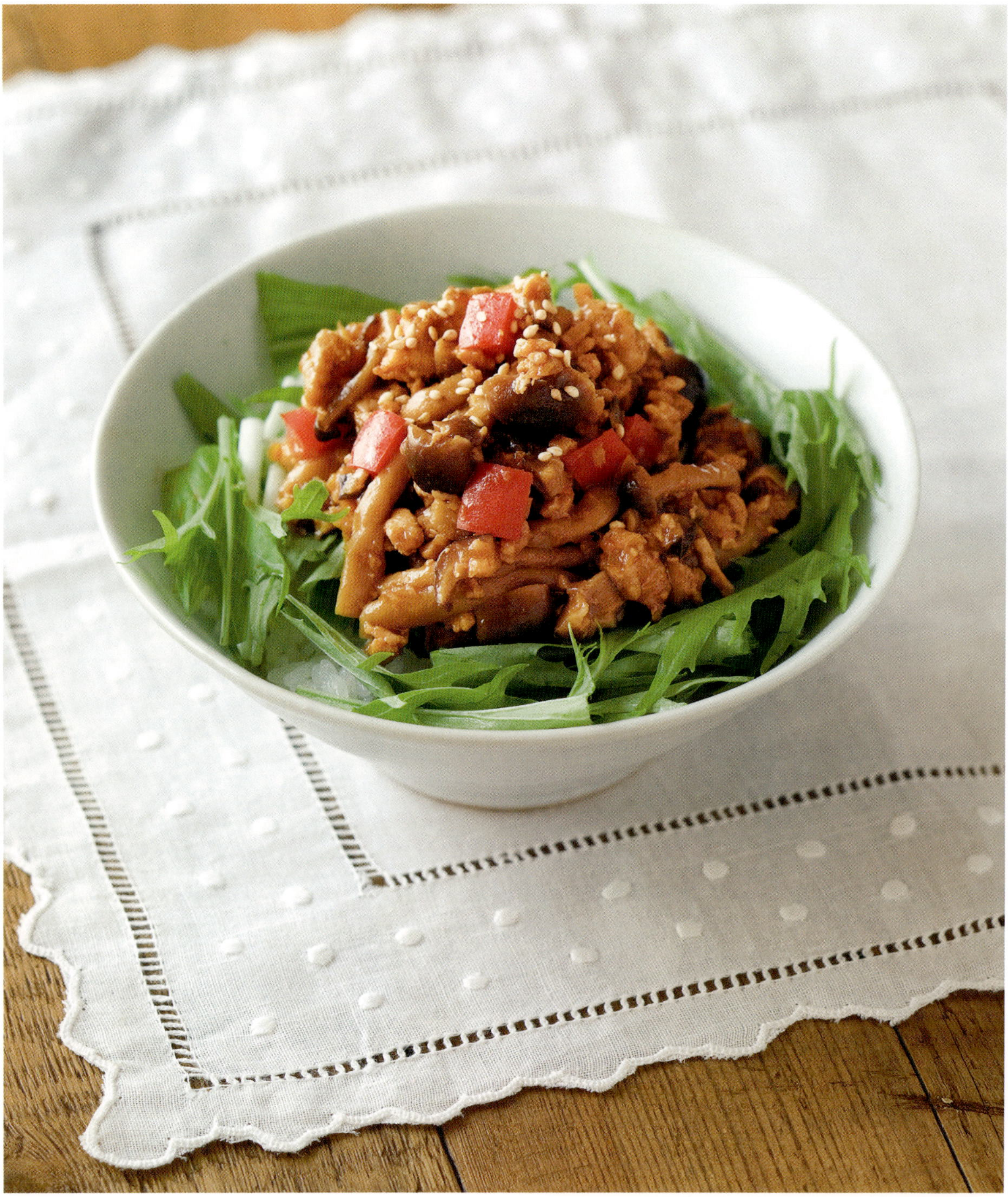

☑ donburi
きのこと鶏ミンチの甘辛丼

●材料

ぶなしめじ	80g
干し椎茸(小)	3枚
パプリカ(赤)	1/3個
水菜	30g
鶏むねひき肉	100g
ごま油	小さじ1

A	
にんにく(みじん切り)	1/2片分
生姜(みじん切り)	1/2片分
長ねぎ(みじん切り)	10cm
豆板醤	小さじ1/3
砂糖	大さじ1 2/3
赤味噌	大さじ1強
白ごま	大さじ1
ごはん	2膳

●作り方

1. ぶなしめじは石づきを切り、小房に分ける。干し椎茸は、ひたひたの水で柔らかく戻してみじん切りに(戻し汁は取っておく)、パプリカは7mm角、水菜は長さ5cmに切る。
2. 熱したフライパンにごま油とAを入れ、香りがでたら鶏肉、豆板醤を入れ炒める。ぶなしめじ、干し椎茸、パプリカを加えて炒め、砂糖、干し椎茸の戻し汁で溶いた赤味噌を加えて水分がなくなるまで炒め、最後に白ごまを混ぜる。
3. 丼にごはんを入れ、まわりに水菜、中央に2を盛りつけ、少量の白ごまをトッピングする。

野菜ソムリエアドバイス　干し椎茸を戻すときは、5℃で5時間以上かけると旨味成分が増えるため、できれば前日から冷蔵庫に入れて戻すのがおすすめです。

Total 480kcal

ダイエット食材5
きのこ

食物繊維が豊富なきのこ類。便秘予防のほか、きのこの食物繊維の一種であるβグルカンという成分は免疫力を高め、生活習慣病の予防にも効果的。低カロリーでビタミン、ミネラルも豊富なダイエットの強い味方です。

> ダイエット
> ジュース

お腹スッキリジュース

腹持ちの良いバナナをメインにしたジュースは、食事がわりにおすすめ。
忙しい朝にササッと作ってスッキリ1日をスタート！

緑黄色野菜
25g

juice
お腹スッキリジュース

● 材料

完熟バナナ ……… 1本分	無脂肪ヨーグルト（無糖）
人参 ……………… 1/4本	……………………… 50ml
リンゴ …………… 1個	無調製豆乳 ……… 50ml
レモン果汁 …… 小さじ1	オリゴ糖 ……… 小さじ1

● 作り方

1. 冷凍完熟バナナを作る。シュガースポットの出た完熟バナナの皮をむいて一口大に切り、レモン果汁をふりかけて冷凍パックに入れ冷凍する。
2. 人参は皮をむき、ラップで包んで電子レンジで30秒加熱し、一口大に切って粗熱をとっておく。リンゴは皮をむき、芯を除いて一口大に切る。
3. 材料を全てミキサーにかける。

野菜ソムリエアドバイス
冷凍完熟バナナを常備しておくと、甘みが強く、免疫力も高まった時期のバナナをいつでも楽しめます。また、氷がいらないのでジュースの味も薄まりません。

Total **249**kcal

ダイエットのための！ 野菜摂取のPoint

ダイエットの食事で気をつけることは、脂質や糖質摂り過ぎを防ぐことと、食べる順番。食物繊維を摂ることで血糖値の上がりをゆるやかにし、太りにくくなります。食物繊維を多く含む野菜のおかず、肉や魚、そしてごはんというように食べる順番も気にしたいところです。

食物繊維は、便秘予防にも効果的です。そのために、低カロリーのきのこ類や野菜を多用して、量を減らさずに満足感を得られるように工夫するのがポイントです。

淡白な味付けばかりでは飽きてしまうので、香辛料や香味野菜などでインパクトのある味付けにしたり、かぼちゃや甘栗などの自然な甘味を活用するのもGOOD。満足感を与える汁物をプラスするのもおすすめです。調理に関しては、大きめに切ることで自然とよく噛むことができ、満腹感にもつながります。

丈夫になる定食 1

いんげんたっぷりポークロール定食

カラフルな見た目もキュートなポークロール。
ボリュームはしっかりあるのに、油を使わず低カロリー。

緑黄色野菜
195g
淡色野菜
25g

☑main いんげんたっぷりポークロール

●材料
さやいんげん	20本	酒	小さじ2
赤ピーマン	1個	A 練りごま	大さじ2
豚もも薄切り肉	16枚	砂糖	大さじ1
		醤油	大さじ1
		酢	大さじ1/2

●作り方
1. 赤ピーマンは縦方向に千切りにする。さやいんげんは赤ピーマンと同じ長さの千切りにする。
2. 16等分した1を豚肉でしっかりと巻き、耐熱皿に並べる。酒をふりかけて、ふんわりとラップをし、電子レンジ (600W) で3分程度加熱する。
3. 皿に2を盛りつけて、よく混ぜたAをかける。

> **野菜ソムリエアドバイス**
> トマトと同じくらいβカロテンを含むさやいんげん。βカロテンは体内でビタミンAに変換され、のどや鼻などの粘膜を保護する働きがあります。

☑side ほうれん草の黒ごまナムル

●材料
ほうれん草	2/3束	A 黒ごま	小さじ1
塩	ひとつまみ	ごま油	小さじ1
		醤油	小さじ1/2強
		おろしにんにく	少々

●作り方
1. ほうれん草は塩を入れた熱湯で茹でこぼし、冷水にとって水気をきっておく。
2. 1を3cm程度の長さに切り、Aで和える (1時間ほど冷蔵庫に入れると、より味がなじむ)。

> **野菜ソムリエアドバイス**
> ほうれん草には身体の酸化を抑える働きをするβカロテンが豊富。油と一緒に摂取することで吸収率が高まります。

☑rice ごはん

Total 568kcal

☑soup ねぎとはまぐりの生姜汁

●材料
生姜	1片	水	400ml
長ねぎ	1/3本	酒	小さじ1
はまぐり	180g	塩	小さじ1弱
		胡椒	少々
		ごま油	少々

●作り方
1. はまぐりは砂抜きをし、殻をこすり合わせるようにして洗う。生姜と長ねぎは細い千切りにする。
2. 鍋にはまぐり、生姜、水、酒を入れて火にかけ、はまぐりが開いたら2/3の量のねぎを入れ、塩、胡椒で味を調える。
3. 器に盛って残りの長ねぎを飾り、ごま油をたらす。

> **野菜ソムリエアドバイス**
> ねぎと生姜を合わせることで、消化を促進したり体を温める効果もあり、疲れがたまって風邪を引きそうなときにおすすめのスープです。

丈夫になる食材1
生姜

漢方生薬としても使われている生姜。身体を温める作用のほか、消化を助け、新陳代謝を活発にし、発汗作用を高める働きがあります。強い殺菌力があり、疲労回復、健胃、解毒、消炎作用もあるといわれています。

丈夫になる定食 2

野菜と海老のとろり煮定食

コロコロ野菜と海老を優しいあんかけでいただく、
ホッと心が安らぐような定食。
副菜では、野菜の様々な食感も楽しめます。

緑黄色野菜
113g

淡色野菜
226g

☑ main 野菜と海老のとろり煮

●材料
長ねぎ	1 1/2本	ごま油		大さじ1
パプリカ(赤・黄)	各1/2個	粗挽き胡椒		少々
長芋	100g	A	酒	大さじ2
干し貝柱	15g		醤油	小さじ1
生姜	1/2片		塩	小さじ1/2
海老	150g	B	片栗粉	大さじ2
			水	大さじ4
		黒酢		適宜

●作り方
1. 干し貝柱を300mlの水に浸して戻し（30分以上）、ほぐしておく。
2. 海老は背わたをとり、分量外の片栗粉・酒・塩をふりかけて揉み、水洗いする。
3. パプリカは種を除き、長芋は皮をむき、それぞれ1.5cm角に切る。長ねぎは青い部分も含め長さ3cmに切る。生姜はおろしておく。
4. 鍋にAと、1を戻し汁ごと入れて煮立て、2と3を入れる。味を調え、海老がピンク色になったら合わせたBを加えてとろみをつけ、ごま油をかける。
5. 器に盛って粗挽き胡椒をふりかける。好みで黒酢をかける。

> **野菜ソムリエアドバイス**
> パプリカや長芋は生でもおいしい野菜。加熱しすぎないことで、シャキシャキの食感を楽しめます。また、とろみをつけることで、煮汁に溶け出た栄養素を逃さず食べられます。

☑ side 大根と水菜のシャキシャキサラダ

●材料
大根	120g	塩昆布	大さじ2
水菜	70g	かつお節	少々

●作り方
1. 大根は長さ3cmの細い千切りにする。水菜も長さ3cmに切っておく。
2. 1を塩昆布とともにさっと和えて盛りつけ、かつお節をかける。

> **野菜ソムリエアドバイス**
> 鉄やカルシウム、ビタミンCが多い水菜。ビタミンDを含むかつお節と合わせることで、カルシウムの吸収がアップします。

☑ rice ごはん

Total 528kcal

☑ soup 大根葉と油揚げの味噌汁

●材料
大根葉	80g	だし汁	500ml
油揚げ	1/2枚	味噌	大さじ1 1/2

●作り方
1. 大根葉は長さ2cmに切る。油揚げは2cm角に切る。
2. だし汁を煮立て、1を入れて煮る。味噌を溶いて火を止める。

> **野菜ソムリエアドバイス**
> 捨ててしまいがちな大根葉には、抗酸化作用の強いβカロテンやミネラルが豊富。味噌汁の具などにして、しっかりといただきましょう。

丈夫になる食材2
ねぎ

葉の部分はβカロテン、茎の部分はビタミンCを含むねぎ。独特の強い香りは硫化アリルと呼ばれる成分で、疲労回復や血行を良くして身体を温める働き、消化吸収を助ける働きがあります。

丈夫になる

丈夫になる定食 3

セロリとシーフードのグラタン定食

ホワイトソースの代わりに使った大和芋と味噌の味が
新鮮な美味しさの和風グラタン。
ヘルシーなのに食べ応えも抜群です。

緑黄色野菜
135g

淡色野菜
343g

✓ main セロリとシーフードのグラタン

● 材料
セロリ	1 1/2本	塩、胡椒		各少々
玉ねぎ	1/4個	パセリパウダー		少々
大和芋	240g	A	味噌	小さじ2
シーフードミックス	160g		湯	小さじ2
溶けるチーズ	30g	B	味噌	小さじ1
バター	少々		酒	小さじ2

● 作り方
1. セロリの茎はそぎ切りに、葉はざく切りにする。玉ねぎは粗みじん切りにする。
2. 大和芋は大きなスプーンでこそぐようにして皮をむき、すりおろす。Aの材料を合わせて、すりおろした大和芋によく混ぜておく。
3. フライパンにバターを溶かし、シーフードミックスと1を入れて、塩、胡椒をして炒める。全体に火が通ったら、Bで味付けをする。
4. バターを塗ったグラタン皿に3を入れて2をかけ、チーズをのせる。オーブントースターで表面に焼き目がつくまで焼く（1000wの場合は3〜4分程度）。仕上げにパセリパウダーをかける。

> **野菜ソムリエアドバイス**
> カロリーの高いホワイトソースの代わりに、大和芋を使ってヘルシーに。セロリはバターと味噌で炒めることで特有の匂いが和らぎ、食べやすくなります。

Total 705kcal

丈夫になる食材3
ピーマン

ピーマンに含まれるビタミンPは毛細血管を丈夫にしてくれるので、高血圧や動脈硬化など生活習慣病の予防に効果的。また、ビタミンCの吸収を高め、抗酸化力を高めてくれます。

✓ side ピーマンとしらすのさっと煮

● 材料
ピーマン（緑・赤）	各2個	ごま油	少々
しらす	大さじ2	白だし	小さじ1/2
白ごま	大さじ1	水	大さじ1

● 作り方
1. ピーマンは縦半分に切って種とヘタをとり、横に千切りにする。
2. フライパンにごま油を入れて熱し、1を強火で全体を炒めてから中火にし、白だしと水を入れて30秒ほど蓋をする。しらすと白ごまを混ぜ入れ、強火にして水分を飛ばす。

> **野菜ソムリエアドバイス**
> ピーマンは、シャキシャキの食感を楽しみたいときは繊維に平行に、しんなりした食感を楽しみたいときは、繊維と垂直に切りましょう。

✓ soup コロコロ根菜汁

● 材料
ごぼう	1/2本	長ねぎ		1/2本
れんこん	120g	A	だし汁	500ml
人参	1/4本		酒	大さじ1
こんにゃく	100g		醤油	小さじ1/2
高野豆腐	1個		塩	小さじ1弱
柚子の皮（または柚子胡椒）	少々			

● 作り方
1. ごぼうはたわしで洗って汚れを落とし、れんこんと人参は皮をむき、それぞれ1cm角に切る。湯通ししたこんにゃくと、湯で戻した高野豆腐も、同様に角切りにする。長ねぎは長さ1cmに切る。
2. 鍋にAを入れてさっと煮立て、長ねぎ以外の1を入れて中火で煮る。火が通ったら長ねぎを入れる。
3. 具材に火が通ったら器によそい、柚子の皮を飾る。

> **野菜ソムリエアドバイス**
> ごぼうは皮のところに旨味や香りが集中しています。皮はむかずに、たわしで汚れをこそげ落とす程度にするのがポイントです。

✓ rice ごはん

丈夫になる

丈夫になる定食 4

タンドリーチキンサンド定食

シャキシャキキャベツと、スパイシーチキンのバランスが絶妙！
色鮮やかなサラダとスープを添えて、カフェ気分で楽しめる定食です。

緑黄色野菜
175g

淡色野菜
139g

☑main タンドリーチキンサンド

● 材料

キャベツ	100g	B	プレーンヨーグルト … 100ml
トマト	1個		カレー粉、パプリカパウダー … 各小さじ2
鶏むね肉（皮なし）	1枚		チリパウダー、胡椒 … 各少々
全粒粉パン	4枚		塩 … 小さじ1/2
バター	少々		
A	塩、砂糖…各小さじ1/2		
	おろしにんにく…1片分		

● 作り方

1. 鶏肉を均等な厚さになるよう、4枚程度にそぎ切りし、Aを揉み込んで5分程度おいた後、合わせたBに入れて冷蔵庫で1時間以上漬ける。
2. 漬けだれをつけたまま1をフライパンに入れ、両面に軽く焼き色をつけた後、蓋をして弱火で4〜5分焼く。
3. トマトは輪切りにしてゼリー部を取り除き、キャベツは千切りにする。
4. バターを塗ってトーストした全粒粉パンに、2と3をはさんでなじませた後、食べやすいサイズに切って盛りつける。

> 野菜ソムリエアドバイス
> カレー粉には身体を温めて免疫力を高めるスパイスがブレンドされています。また、パサつきがちな鶏むね肉もヨーグルトに漬けることでしっとりと仕上がります。

☑side 人参コールスロー

● 材料

人参	1本	A	プレーンヨーグルト、レモン果汁 … 各小さじ2
グレープフルーツ	1/2個		はちみつ、マスタード … 各小さじ1/2
バジルパウダー	少々		米酢、オリーブオイル … 各小さじ1
			塩 … ひとつまみ
			胡椒 … 少々

● 作り方

1. 人参をスライサーかチーズおろし器で千切りにする。塩（分量外）を軽くまぶしてしんなりさせ、水気をきる。
2. グレープフルーツの皮をむき、薄皮を外して、一口大にほぐしておく。
3. 1と2を混ぜて、Aで和える。器に盛って、バジルパウダーをかける。

> 野菜ソムリエアドバイス
> 人参を柑橘類と合わせることで特有の風味が緩和され食べやすくなります。また、オリーブオイルとともに摂取することで、βカロテンの吸収が高まります。

Total **720kcal**

丈夫になる食材4
キャベツ

キャベツに含まれるビタミンUは胃潰瘍や十二指腸潰瘍の予防や改善効果が、豊富に含まれるビタミンCは、免疫力の強化などが期待されます。ビタミンCやビタミンUは熱に弱いため、生で食べるのがベター。

☑soup グリーンピースのスープ

● 材料

グリーンピース（冷凍でも可） … 120g	チキンスープ顆粒 … 大さじ1/2	
玉ねぎ … 1/4個	水 … 50ml	
バター … 少々	豆乳 … 100ml	
	塩、胡椒 … 各少々	
	オリーブオイル … 少々	

● 作り方

1. 鍋にバターを溶かして粗みじん切りにした玉ねぎを炒め、しんなりしたらグリーンピースを入れてさっと炒める。水とチキンスープ顆粒を入れて、柔らかくなるまで煮る。
2. ミキサーに移してクリーム状になるまで撹拌し、豆乳を加え、塩、胡椒で味を調え、器に入れ、オリーブオイルをかける。

> 野菜ソムリエアドバイス
> グリーンピースは、タンパク質やビタミンB群、亜鉛が豊富。免疫力を高める効果や、老化防止、美肌効果などが期待できます。

丈夫になる

緑黄色野菜
40g

淡色野菜
75g

丈夫になる丼

あじオクラとろろ丼

長芋、オクラ、納豆のネバネバ御三家を思う存分楽しめる、
ネバネバ好きにはたまらない丼。
あじのほか、まぐろや白身魚などで作っても美味。

☑ donburi
あじオクラとろろ丼

● 材料

オクラ……………10本	ごはん……………2膳分
長芋……………150g	白だし……………小さじ1
水菜……………30g	焼き海苔……………少々
小ねぎ……………少々	わさび……………少々
あじ(刺身)………1尾分	
納豆……………2パック	

Total **533**kcal

● 作り方

1. オクラは塩(分量外)で板ずりしてから、塩少々を入れた熱湯で茹で、粗熱がとれたら、輪切りにする。長芋は皮をむいてすりおろす。水菜は長さ2cmに切り、小ねぎは小口切りにする。
2. あじの刺身は食べやすい大きさに切る。納豆は付属のたれをかけてかき混ぜておく。
3. 器に盛ったごはんの上に、それぞれ半量ずつ水菜、長芋、オクラ、納豆、あじ、小ねぎの順にのせていく。白だしを回しかけ、細かくちぎった焼き海苔、わさびをトッピングする。

> **野菜ソムリエアドバイス**
> オクラは板ずりすることでうぶ毛が取れ、口当たりが優しくなります。長芋をすりおろすのが面倒なときは、厚手のビニール袋に入れて麺棒などでたたいてもOK。

丈夫になる食材5
長芋

長芋に含まれるネバネバ成分には、胃壁や体内の粘膜を保護する働きがあり、風邪の予防にもおすすめ。また、消化酵素アミラーゼを多く含み、消化も助けてくれます。

丈夫になる

丈夫になる
ジュース

みかんラッシー

みかんとブルーベリーの甘酸っぱさが、さわやかな味わいのラッシー。
漢方にも使われる陳皮をトッピングしてパワーアップ。

✅juice
みかんラッシー

● 材料

みかん	大2個	ヨーグルト	100g
陳皮(みかんの皮を干したもの)		はちみつ	小さじ1
	少々	ブルーベリー	大さじ2

● 作り方
1. みかんは外皮をむく。陳皮はみじん切りにしておく。
2. ミキサーにみかん、ヨーグルト、はちみつを入れて撹拌する。ブルーベリーと陳皮をトッピングする。

野菜ソムリエアドバイス
みかんにはβクリプトキサンチンやビタミンCが含まれ、免疫力をサポート。実の部分よりも外皮や白い綿状の部分に、栄養が豊富に含まれているので、できるだけまるごと食べましょう。

Total **91** kcal

丈夫になるための！ 野菜摂取のPoint

強い身体になるためには、まず免疫力を高めることが大切。免疫力を高めることで、風邪はもちろん各種疾病の予防につながります。また、風邪予防という意味では粘膜を強化し、正常に保つβカロテンを多く含む緑黄色野菜も大切です。その他、"冷えは万病の元"と昔から言われているように、身体を冷やさないこともポイント。身体を温める作用のあるねぎや生姜などの香味野菜もうまく使いましょう。

生野菜よりも加熱した野菜の方が体を冷やさないと言われますが、ビタミンCなどは加熱に弱いので、生で食べるのもおすすめ。生野菜は身体を温める作用のある食材を組み合わせたり、抵抗力をつけるためタンパク質と一緒に摂取するなど、組み合わせの妙でうまく食べるのがコツです。

アンチエイジング
定食 1

パプリカと手羽先のラタトゥユ定食

野菜たっぷりのラタトゥユに、コラーゲンたっぷりの手羽先をプラス。
ぷるぷる肌が期待できるアンチエイジング定食！

緑黄色野菜
143g
淡色野菜
192g

✓ main
パプリカと手羽先のラタトゥユ

●材料

パプリカ(赤・黄)…各1/2個	ローリエ……………1枚
玉ねぎ………………1/4個	トマト缶(ダイスカット)
なす…………………1/2本	………………1/2缶
じゃがいも…………1/2個	オリーブオイル…小さじ1
にんにく……………1片	白ワイン…………大さじ2
鶏手羽先……………4本	コンソメ…………1/2個
	塩、胡椒…………各適量

●作り方

1. パプリカ、玉ねぎ、なす、じゃがいもは1cm角に、にんにくはみじん切りにする。鶏肉は塩、胡椒をふり、約10分ほど置いておく。
2. フライパンにオリーブオイルとにんにく、ローリエを入れて弱火で温め、香りが出たら鶏肉を入れて表面を強火で焼く。
3. 玉ねぎを加えてしんなりするまで炒めたら、なす、パプリカ、じゃがいもの順で加え、炒める。
4. 白ワインを加えてアルコール分を飛ばしたら、トマト缶、コンソメを入れる。15分ほど煮込み、塩、胡椒で味を調える(水分が多いときはさらに煮詰める)。

> **野菜ソムリエアドバイス**
> コラーゲンたっぷりの鶏手羽先。パプリカとじゃがいものビタミンCでコラーゲンの生成を助けます。トマトで煮込むため、抗酸化作用が強いリコピンも豊富に摂取できます。

✓ side
玉ねぎとグレープフルーツのサラダ

●材料

玉ねぎ………………1/4個	白ワインビネガー…小さじ1
グレープフルーツ(ピンク)	塩、胡椒…………各適量
………………1個	オリーブオイル…大さじ1
ベビーリーフ………1袋	

●作り方

1. グレープフルーツは皮をむき、1房ずつに分け、果汁は取っておく。
2. ドレッシングを作る。1の果汁大さじ1 1/2と白ワインビネガー、塩、胡椒を合わせたところに、オリーブオイルを少しずつ加えて混ぜ合わせ、みじん切りにした玉ねぎを加え、1時間ほどなじませる。
3. 器にベビーリーフを敷いて、グレープフルーツを置き、2をかける。

> **野菜ソムリエアドバイス**
> ビタミンC豊富なグレープフルーツ。ピンク種にはリコピンが含まれ、抗酸化作用もあるので、アンチエイジング効果が期待できます。

✓ rice
黒米ごはん

Total 727 kcal

✓ soup
小松菜の骨がっちりスープ

●材料

小松菜………………1/2袋	バター………………10g
長ねぎ………………1本	コンソメスープ……400ml
	塩、胡椒…………各少々
	溶けるチーズ………適量

●作り方

1. 小松菜は幅1cmに切り、長ねぎは小口に切る。
2. 鍋にバターを熱し、長ねぎがとろとろになるまで炒めたらコンソメスープを加え15分ほど煮る。
3. 小松菜を加えて火が通ったら、塩、胡椒で味を調え、最後に溶けるチーズを入れる。

> **野菜ソムリエアドバイス**
> 身体を温め、疲労回復に効果的な長ねぎをたっぷり入れたスープ。年齢とともに不足しがちなカルシウムを小松菜とチーズで補い、骨の老化防止対策に。

アンチエイジング食材1
玉ねぎ

玉ねぎに含まれるアリシンはビタミンB1の吸収を高めるため、疲労回復に効果的です。また、血栓を防ぎコレステロールを低下させる効果も。アリシンは神経を鎮めるので、安眠効果も期待できます。

アンチエイジング

アンチエイジング
定食 2

枝豆イワシバーグ定食

枝豆のゴロゴロ感と、マンゴーソースの甘酸っぱさが新鮮な味わいのイワシバーグ。
具だくさんのスープと、変わりきんぴらを添えて。

緑黄色野菜
156g

淡色野菜
94g

✓ main
枝豆イワシバーグ〜マンゴーソース〜

● 材料

枝豆	60g	A	おろし生姜、醤油、味噌
玉ねぎ	1/4個		各小さじ2/3
トマト	1/2個		溶き卵 1/3個
マンゴー	1/2個		小麦粉 小さじ1
イワシ	8尾		塩、胡椒 各適量
			オリーブオイル 大さじ1/2
			太白ごま油 小さじ1

● 作り方

1. 枝豆は茹でて、さやから出しておく。
2. イワシは手開きにし中骨と背びれを取り、薄皮をひいてからフードプロセッサーにかける。ボウルに入れ、Aと1の半分を加えてよく混ぜ、2等分にして小判型に丸める。
3. 玉ねぎは繊維を切るように横に薄切りにし、15分ほど空気に触れさせ辛みを抜く。トマトとマンゴーは1cm角に切る。残りの枝豆とともにボウルに入れ、塩、胡椒で味を調え、オリーブオイルを全体にかけて合わせる。
4. フライパンに太白ごま油を熱し、2を焼く。
5. 3を盛りつけた器に、4をのせる。

> **野菜ソムリエアドバイス**
> ビタミンEを多く含むマンゴーに、イソフラボンを含む枝豆を加えたアンチエイジングバーグ。味噌と生姜を加えるので、イワシの臭みも気になりません。

✓ side
かぼちゃのマスタードきんぴら

● 材料

かぼちゃ	1/7個	A	酒 大さじ1
ブロッコリー	1/3株		はちみつ 大さじ1
ごま油	小さじ1		粒マスタード 大さじ1
			醤油 小さじ1
			塩、胡椒 各適量

● 作り方

1. かぼちゃは皮つきのまま、厚さ3mmにスライスする。ブロッコリーは小房に分け、茎の部分は皮を厚めにむいて薄切りにする。
2. フライパンにごま油を熱し、かぼちゃ、ブロッコリーの順に炒める。
3. 火が通ったらAを入れて絡ませる。

> **野菜ソムリエアドバイス**
> かぼちゃとブロッコリーは、ともにビタミンA、E、Cなど栄養豊富。冷めても美味しいので、お弁当にもおすすめ。マスタードソースの甘酸っぱさが味のポイントです。

✓ soup
根菜とあさりのスープ

● 材料

人参	1/4本	あさり	16粒
れんこん	5cm	水	400ml
おろし生姜	5g	酒	大さじ1
長ねぎ	5cm	薄口醤油	小さじ2

● 作り方

1. 人参、れんこんは厚さ2mmのいちょう切りにする。
2. あさりは海水程度（約2%）の塩水で砂出しし、殻をこすり合わせるように洗ってから、鍋に水、酒と一緒に入れる。
3. 1を加えて15分ほど加熱する。
4. 殻があいたら薄口醤油を加え、小口切りにした長ねぎとおろし生姜をちらす。

> **野菜ソムリエアドバイス**
> 細胞を活性化させる亜鉛や鉄分、ビタミンB12を含むあさりに、食物繊維豊富な根菜類を合わせて具沢山スープに。身体を温める生姜をプラスして冷えもストップ！

✓ rice
ごはん

Total 699kcal

アンチエイジング食材2
枝豆

"畑の肉"と言われるほど良質なタンパク質を含む枝豆。大豆の未熟果で、大豆には含まれない葉酸やビタミンCを含みます。また、女性に欠かせない成分・イソフラボンやビタミンB1も豊富。アルコール分解にも効果的なので肝機能を若く保つためにも摂りたい野菜です。

アンチエイジング

アンチエイジング
定食 3

トマトライスカレー定食

根菜類がごろごろ入ったヘルシーカレー。
トマトの栄養素を余すところなく食べられる、
真っ赤なトマトライスがポイント。

緑黄色野菜
131g

淡色野菜
111g

✓main トマトライスカレー

●材料（作りやすい分量）

米	1合	A 水	100ml
ごぼう	1/4本	トマト	160g
玉ねぎ	1/4個	オリーブオイル	
人参	1/6本		小さじ1
セロリ	1/4本	コンソメ	1/2個
パプリカ(赤)	1/2個	ローリエ	1枚
にんにく	1片	カレー粉	大さじ1
生姜	1片	コンソメスープ	200ml
鶏むね肉(ひき肉)	100g	塩、胡椒	各適量
トマト缶(ダイスカット)	100g	オリーブオイル	小さじ1

●作り方

1. 米は洗って水気をきり、30分ほど置く。トマトは2cm角に切り、米とAを炊飯器に入れて炊く。
2. ごぼうはささがきにして、水にさっとさらしてアクを抜く。玉ねぎ、人参、セロリ、パプリカ、にんにく、生姜はみじん切りにする。
3. フライパンにオリーブオイルとにんにく、生姜、ローリエを入れて香りを出し、玉ねぎ、人参、セロリをしんなりするまで炒める。続いて鶏肉を加えて炒め、ごぼう、パプリカ、カレー粉の順に炒める。コンソメスープとトマト缶を加えて、約20分煮詰める。
4. 器に1を盛りつけ、3をかける。

> **野菜ソムリエアドバイス**
> ごぼうのアクには、抗酸化成分であるポリフェノールが豊富。水にさらしすぎないように注意して。鶏むね肉は脂が少ないので、ヘルシーかつ、冷めても美味しくいただけます。

Total 759kcal

✓side みょうがとフルーツのピクルス

●材料

みょうが	6本	A 白ワインビネガー	60ml
オレンジ	1/2個	水	100ml
リンゴ	1/2個	砂糖	30g
		ローリエ	1枚
		クローブ	5粒
		ピンクペッパー	10粒
		塩	小さじ1/2

●作り方

1. みょうがは縦半分に切り、さっと茹でてアクをとる。オレンジは薄皮を残して皮をむき、一口大に切る。リンゴは皮をつけたまま、芯だけ取って一口大に切る。
2. 鍋にAを入れて、軽く煮立たせる。
3. 2が熱いうちに1に漬け込み、粗熱をとってから1時間ほど冷蔵庫で冷やす。

> **野菜ソムリエアドバイス**
> みょうがの香り成分には発汗作用や消化促進効果あり。さわやかなオレンジの香りとリンゴの甘酸っぱさが絶妙の美味しさ。一晩漬けると、さらに美味しくなります。

✓juice キウイラッシー

●材料

キウイフルーツ(ゴールド)	A	プレーンヨーグルト
1個		150ml
	牛乳	150ml
	はちみつ	大さじ1 1/3

●作り方

1. キウイフルーツは皮をむき、飾り用に厚さ5mmの輪切りを2枚切り分け、残りはざく切りにする。
2. ミキサーに1のざく切りにしたキウイフルーツとAを入れて、撹拌する。
3. コップに2を注ぎ、飾り用のキウイフルーツを添える。

> **野菜ソムリエアドバイス**
> キウイフルーツにはビタミンCやEなど、抗酸化作用がある栄養素が豊富。食物繊維も多いほか、タンパク質分解酵素も含むので、消化を助ける役割もあります。

アンチエイジング食材3
トマト

トマトに多く含まれているリコピンには、強力な抗酸化作用があり、アンチエイジングにおすすめの野菜。活性酸素を除去したり、皮膚や粘膜を丈夫にする働きや、各種疾病を予防する可能性も見出されてきています。

> アンチエイジング定食 4

ほうれん草のクリームパスタ定食

野菜の風味を引きたてる、優しい豆乳クリームソース。
豆乳のイソフラボンとほうれん草を一緒に食べて
カルシウムも摂取して、骨も丈夫に。

緑黄色野菜
178g

淡色野菜
112g

☑ main
ほうれん草のクリームパスタ

●材料

ほうれん草	1束	塩、胡椒	各適量
玉ねぎ	1/4個	白ワイン	大さじ1
舞茸	1/2パック	オリーブオイル	小さじ1
鮭	2切れ	豆乳	200ml
パスタ	140g	コンソメ	1/2個
		溶けるチーズ	15g

●作り方

1. ほうれん草はサッと茹でて長さ3cmに切る。玉ねぎは薄切りにし、舞茸は石づきを落としてほぐす。鮭は一口大に切り、塩、胡椒と白ワインで下味をつける。
2. たっぷりの湯に塩(分量外)を入れて、パスタを表示より1分短く茹でる。
3. フライパンにオリーブオイルを熱し、鮭の表面をしっかりと焼き、玉ねぎを加えてしんなりするまで炒めたら、舞茸を加えてさらに炒める。
4. 豆乳とコンソメを入れ、煮詰まってきたら、ほうれん草と溶けるチーズを加え、塩、胡椒で味を調え、パスタと絡める。

> **野菜ソムリエアドバイス**
> 豆乳のイソフラボンとほうれん草、舞茸を一緒に食べることでビタミンKやD、カルシウムなどを摂取でき、骨のアンチエイジング対策に効果的。

☑ side
ルッコラとブルーベリーのサラダ

●材料

ルッコラ	1/2パック	ブルーベリー	15粒
水菜	1/2束	ブルーベリー(飾り用)	10粒
大根	2cm	A バルサミコ酢	小さじ2
くるみ	4個	オリーブオイル	小さじ2
		塩、胡椒	各適量

●作り方

1. ルッコラと水菜は長さ5cmに、大根は繊維にそって5mm角、長さ2cmの拍子木切りにする。
2. ブルーベリーを細かく刻み、Aと混ぜ合わせドレッシングを作る。
3. 器に1を盛りつけ、刻んだくるみ、飾り用のブルーベリーを飾り、2をかける。

> **野菜ソムリエアドバイス**
> クレオパトラも好んで食べたと言われるルッコラ。抗酸化作用が高いβカロテンやビタミンC、E、食物繊維などが豊富。ブルーベリーと合わせてさっぱりと。

☑ soup
トマトとえのきのにんにくスープ

●材料

トマト	1/2個	オリーブオイル	適量
えのきたけ	1/2袋	水	400ml
にんにく	3片	コンソメ	1個
		A 卵	1個
		粉チーズ	適量
		塩、胡椒	各適量

●作り方

1. トマトは1.5cm角に切り、えのきたけは長さ1cmに切る。にんにくは縦半分に切り、包丁の背でつぶす。
2. 鍋にオリーブオイルとにんにくを入れて弱火にかけ、香りを出す。水とコンソメを入れて15分煮込む。
3. にんにくがとろとろになったら、トマトとえのきたけを入れてひと煮立ちさせ、溶きほぐしたAを加えてかき混ぜ、塩、胡椒で味を調える。

> **野菜ソムリエアドバイス**
> にんにくをベースにしたスープは、疲労回復に効果的。リコピン豊富なトマトと、ビタミンB群が豊富なえのきたけを加えて、代謝アップのスープに。

Total 693kcal

アンチエイジング食材4
ほうれん草

βカロテンや葉酸、鉄分が豊富で、女性にうれしい緑黄色野菜。また、視力回復の効果が期待されるルテインという成分も含まれているので、目のアンチエイジングにも効果的。下ゆでの際はさっと茹でるだけでOK。

アンチエイジング

緑黄色野菜
97g

淡色野菜
25g

アンチエイジング丼

まぐろのゴマステーキ丼

まぐろ、ブロッコリー、エリンギそれぞれの食感が楽しく、
食べ応えたっぷりの丼。
ピリッと効かせた豆板醤が味の決め手。

✓ donburi
まぐろのゴマステーキ丼

●材料

ブロッコリー……2/3株	小麦粉……適量
ブロッコリースプラウト……1/2パック	卵……1/2個
エリンギ……1/2パック	ごま油……小さじ1
まぐろ……160g	白ごま、黒ごま…各大さじ2
塩……適量	松の実……大さじ2
玄米ごはん……2膳分	A 醤油……大さじ1
	ごま油……小さじ1
	豆板醤……小さじ1/2
	しそ(千切り)……6枚

Total **630kcal**

●作り方

1. エリンギは一口大に切る。ブロッコリーは小房に分け、茎部分は厚めに皮をむき薄く切り、電子レンジで約30秒加熱する。それぞれに塩を軽くふり、小麦粉を薄くまぶし、溶き卵をつける。フライパンにごま油を熱し、卵をしっかりと切りながら焼く。
2. まぐろは塩をふり、小麦粉を薄くまぶし、溶き卵をつけ、白ごまと黒ごまを合わせたものをつけて熱したフライパンで両面を焼き、食べやすい大きさに切る。
3. Aのタレを合わせる。
4. 器に玄米ごはんを入れ、1と2を盛りつけ、ブロッコリースプラウトと松の実をのせ、3をかけていただく。

野菜ソムリエアドバイス: 抗酸化作用のあるブロッコリーの親子パワーでアンチエイジング！　また、高タンパク質、低脂肪のまぐろもアンチエイジングにおすすめの食材。まぐろの代わりに鮭を使ってもOK。

アンチエイジング食材5
ブロッコリースプラウト

ブロッコリーの新芽であるブロッコリースプラウトには、抗酸化作用のあるスルフォラファンという成分がたっぷり。抗酸化物質を活性化させる働きがあるとして注目されています。生でそのまま食べられる手軽さも魅力的。

アンチエイジング
ジュース

リフレッシュ青汁

身体のすみずみまで目覚めるような、
シャキッとさわやかな味わい。
野菜と果物の酵素やビタミンをまるごと召し上がれ。

緑黄色野菜
50g

淡色野菜
33g

☑juice
リフレッシュ青汁

● 材料

セロリ	2/3本
リンゴ	1個
小松菜	2株
水	100ml
黒ごま	適量

● 作り方

1. ミキサーに黒ごま以外の材料を入れて攪拌し、最後に黒ごまをふる。

野菜ソムリエアドバイス
香り成分に癒し効果があるセロリに、むくみ防止が期待できるカリウム豊富なリンゴ、カルシウムや鉄分たっぷりの小松菜を合わせて、飲みやすい栄養満点青汁に。

Total **93kcal**

アンチエイジングのための！ 野菜摂取のPoint

"腹八分目でバランスの良い食事"、がアンチエイジングの第一歩。それに加えて、抗酸化力のある色の濃い野菜や食材、ビタミンEをしっかり摂ることが大切です。アンチエイジングの目的別に、その組み合わせにもひと工夫を。目の老化防止には、ブルーベリー×ルテイン豊富なほうれん草がおすすめ。骨の老化防止には、カルシウム(小松菜)×ビタミンD(きのこなど)の組み合わせが効果的。βカロテン、ビタミンE、Cを合わせて摂ることで抗酸化作用の相乗効果が期待でき、肌の若返りにもおすすめです。鶏手羽先や、魚まるごと一匹を煮込んだ煮こごりなどコラーゲンたっぷりの食材とビタミンCが豊富な野菜を合わせることでコラーゲンの生成をサポートしてくれます。
また、カロリーや糖質の摂り過ぎを避けることもアンチエイジングの重要ポイントです。

アンチエイジング

スタミナ定食
1

エリンギ麻婆定食

豆腐のかわりに、食感が楽しいエリンギをたっぷり使いました。
しっかりした味付けで、ごはんがどんどん進みそう！

緑黄色野菜
113g

淡色野菜
118g

main
エリンギ麻婆

● 材料

エリンギ	1パック	酒	大さじ2
にんにく(薄切り・芯を取る)	1片分	豆板醤	小さじ2/3
玉ねぎ(1cm角切り)	1/2個	鶏がらスープ	300ml
にんにく(みじん切り)	1片分	A 味噌	小さじ1 1/3
生姜(みじん切り)	1片分	醤油	小さじ2/3
小ねぎ(小口切り)	適量	塩、胡椒	各少々
豚ひき肉	100g	水溶き片栗粉	大さじ2
		ごま油	適量

● 作り方

1. フライパンににんにく(薄切り)と油(分量外)を入れて中火にかけ、茶色く色づいたら一旦取り出す。豚肉を入れて強火で炒め、茶色く色づいたら、食べやすい大きさに切ったエリンギ、玉ねぎ、にんにく(みじん切り)、生姜を入れる。
2. 1分ほど炒めたら酒を加え、アルコール分が飛んだら豆板醤を加えて炒める。鶏がらスープを加えて沸騰させたらアクを取り、Aで味を調える。
3. 水溶き片栗粉でとろみをつけ、風味づけにごま油を少々まわしかける。器に盛り、1のにんにくを戻し、小ねぎをちらす。

> **野菜ソムリエアドバイス**
> 「エリンギ」×「豚肉」は効果的な組み合わせ。豚肉のビタミンB1とエリンギのビタミンB2が代謝を促進し、スタミナアップにつながります。

side
ほうれん草と卵のソテー

● 材料

ほうれん草	1束	バター	5g
にんにく	1片	サラダ油	小さじ1
ソーセージ	50g	醤油	小さじ2
卵	1個	塩、胡椒	各少々

● 作り方

1. ほうれん草は塩(分量外)を加えた熱湯で固めに茹でる。冷水に取り、よく水気をきって3cmの長さに切る。にんにくは潰して皮と芯を取る。ソーセージは厚さ5mmの斜め切りにする。
2. フライパンにバターを入れて、火にかける。溶いた卵を入れていり卵を作り、8割ほど火が入ったら、一旦取り出す。
3. フライパンに油とにんにくを入れ、中火にかける。にんにくがほんのりと色づいたら、強火にしてソーセージを入れる。1分ほど炒めたらほうれん草を加える。
4. 醤油を鍋肌から入れて炒め合わせたら、塩、胡椒で味を調える。火を消して卵を戻し入れ、さっと混ぜ合わせたら完成。

> **野菜ソムリエアドバイス**
> 卵はビタミンCと食物繊維以外の栄養素をほとんど含んだ食材。鉄やビタミンCなどを含むほうれん草に卵をプラスして、バランスの取れた副菜に。

soup
ニラの即席お吸い物

● 材料

ニラ	3本	A かつおだし汁	500ml
白いりごま	適量	醤油	小さじ2
ごま油	適量	みりん	小さじ2

● 作り方

1. ニラは長さ3cmに切る。
2. 鍋にAを入れて沸騰させたら火を消し、ニラを加えてさっと混ぜ合わせ、器に盛ってごまとごま油をかける。

> **野菜ソムリエアドバイス**
> 余熱で火を通すことでニラの風味を味わう、お手軽なお吸い物。ニラに含まれるアリシンは水に溶けやすいので、汁物にすればしっかり栄養素を摂取できます。

rice
ごはん

Total 656kcal

スタミナ食材1
にんにく

にんにくはビタミンB群が豊富です。また、にんにくに豊富に含まれているアリシンは、スタミナの素・ビタミンB1を効率的に吸収し、エネルギー代謝を活性化させます。また代謝と血行を良くする効果もあり。

> スタミナ定食 2

ニラとうなぎのスクランブルエッグ定食

スタミナ食材といったらうなぎ！
ニラと合わせて甘辛く炒めたら、蒲焼とはひと味違う美味しさを発見！

緑黄色野菜
53g

淡色野菜
120g

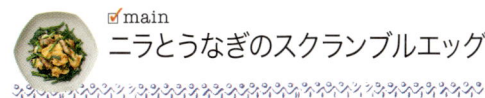

main
ニラとうなぎのスクランブルエッグ

●材料

ニラ	1束	A 醤油	大さじ2
うなぎ蒲焼	1人分	酢	小さじ2/3
卵	2個	ごま油	小さじ1/3
サラダ油	適量	砂糖	大さじ2/3
酒	大さじ1	すりごま	小さじ2/3
塩、胡椒	各少々	にんにく(すりおろし)	
粉山椒	適宜		2/3片分

●作り方

1. ニラは長さ3cmに切り、半量はさっと茹でて水気をきり、器に敷く。
2. うなぎは縦半分に切り、幅1cmの細切りにする。フライパンに油を入れて中火で2分ほど炒めたら酒を入れて蓋をし、3分蒸したら取り出す。
3. ボウルに卵を割り、塩、胡椒を加えて溶きほぐす。一度きれいにしたフライパンに油を入れて強火で熱し、卵を入れ、端からめくるように軽く混ぜながら焼く。
4. 8割ほど固まったら、残りのニラと2を入れて火を消し、さっと混ぜ合わせる。1の上にのせ、混ぜ合わせたAをかけ、好みで山椒をふる。

> **野菜ソムリエアドバイス**
> ニラの風味を活かすため、最後に加えてサッと混ぜ合わせるのがポイント。市販のうなぎの蒲焼は、酒蒸しすることで柔らかくなります。

Total 660kcal

スタミナ食材2
ニラ

ニラは疲労回復に効果的なビタミンB1などの吸収を高めてくれる香り成分アリシンが含まれ、スタミナアップにぴったり。また、免疫力を高めるβカロテンや、抗酸化力の強いセレンも豊富です。

---

side
長芋と牛しゃぶの醤油和え

●材料

長芋	1/2本	醤油	小さじ1
牛切り落とし肉	30g	みりん	小さじ1
		黒いりごま	小さじ1

●作り方

1. 長芋は皮をむいて2cmほどの角切りにする。
2. 鍋に湯をわかして沸騰したら火を消し、細かく切った牛肉を入れて蓋をし、1分ほどで取り出す。
3. 1と粗熱がとれた2、醤油、みりんを和えて器に盛り、ごまをふる。

> **野菜ソムリエアドバイス**
> 滋養強壮効果が高く、中国では漢方に利用されるほどの長芋。牛肉の良質なタンパク質と組み合わせることで、さらに効果アップ。

---

soup
玉ねぎと豚肉のピリ辛味噌汁

●材料

玉ねぎ	1/6個	酒	小さじ1
小ねぎ	適量	ごま油	適量
豚こま切れ肉	20g	豆板醤	小さじ1
		かつおだし汁	500ml
		味噌	大さじ1

●作り方

1. 玉ねぎは薄切りに、小ねぎは小口切りにする。豚肉は長さ2cmに切り、酒で下味をつけておく。
2. 熱したフライパンにごま油を入れて、玉ねぎと豚肉を中火で炒める。玉ねぎがしんなりしたら豆板醤を加えて炒め合わせる。
3. だし汁を加えて沸騰したら弱火にし、味噌を溶く。器に盛り、小ねぎをちらす。

> **野菜ソムリエアドバイス**
> 玉ねぎに含まれる硫化アリルが、豚肉のビタミンB1の吸収を助け、新陳代謝を良くする働きがあるので、疲労や食欲不振に効果的です。

---

rice
ごはん

緑黄色野菜
10g

淡色野菜
240g

スタミナ定食 3

じゃがいもと豚肉のキムチ炒め定食

いつもの豚キムチ炒めにじゃがいもをプラスして、
よりバランスよくスタミナアップを図りました。
さっぱりした副菜とともに召し上がれ。

main
じゃがいもと豚肉のキムチ炒め

●材料

じゃがいも	小2個	白菜キムチ	200g
豚こま切れ肉	80g	ごま油	大さじ1/2
A 醤油	大さじ1	酒	大さじ1
酒	大さじ1	醤油	小さじ1
ごま油	小さじ1	塩、胡椒	各少々
リンゴのすりおろし 1/4個分			

●作り方

1. じゃがいもは皮つきのままよく洗って一口大の乱切りにし、芽があれば取り除く。水に10分浸したら水気を切り、耐熱皿に入れてラップをし、電子レンジで5分加熱する。豚肉はAで下味をつけておく。
2. 熱したフライパンに油を入れて、汁気を切った豚肉を強火で炒める。豚肉が色づいたらじゃがいもを加え、焼き色がついたらキムチを加える。
3. 1分ほど炒め合わせたら、鍋肌から酒、醤油の順に入れる。全体を混ぜて味見をし、味が足りなければ塩、胡椒で味を調える。

> **野菜ソムリエアドバイス**
> キムチに使われている赤唐辛子。赤唐辛子に含まれる辛味成分カプサイシンは、代謝を盛んにしてくれます。

Total 690kcal

---

side
枝豆の白和え

●材料

枝豆	40g	A 白練りごま	大さじ1/2
木綿豆腐	1/2丁	醤油	小さじ1/4
塩	少々	砂糖	小さじ1/4
		塩	少々

●作り方

1. 枝豆はさやの両端を5mmほど切り落とし、水で良く洗う。塩を揉み込んだら熱湯で6分茹でる。粗熱をとったら、さやから豆を取り出す。
2. 豆腐は水切りし、手でおおまかにつぶす。ペーパータオルに包んで耐熱皿にのせ、電子レンジで3分加熱する。
3. Aと1、2を混ぜ合わせる。

> **野菜ソムリエアドバイス**
> 枝豆のカリウムがむくみを防いで身体のダルさを取り、ビタミンB1が新陳代謝を促進して、疲労からくるスタミナ不足の解消に効果を発揮します。

---

soup
かいわれ大根の酸辣湯

●材料

かいわれ大根	20g	A 鶏がらスープ	500ml
卵	1個	黒酢	小さじ2
水溶き片栗粉	大さじ2	醤油	小さじ1
塩、胡椒	各少々	砂糖	少々
ラー油	適宜		

●作り方

1. Aを鍋に入れて温め、塩、胡椒で味を調える。
2. 水溶き片栗粉でとろみをつけ、溶き卵を回し入れる。
3. かいわれ大根を加えてさっと混ぜ合わせたら器に盛り、好みでラー油をかける。

> **野菜ソムリエアドバイス**
> かいわれ大根に含まれるメラトニンには安眠効果があります。また鉄やカルシウムが豊富に含まれ、血液や骨を作るのに欠かせません。

---

rice
ごはん

スタミナ食材3
じゃがいも

じゃがいもには余分なナトリウムを排出してくれるカリウムが豊富に含まれており、身体のだるさをとってくれます。皮に近い部分に栄養成分が多く含まれているので、皮つきのまま調理するのがおすすめ。

スタミナ定食 4

アスパラガスの塩炒め定食

βカロテンや、ビタミンC、E、B群が豊富なアスパラガスを、さっぱりと塩味で。
シンプルながら奥深い味わいのスタミナ定食です。

緑黄色野菜
128g
淡色野菜
249g

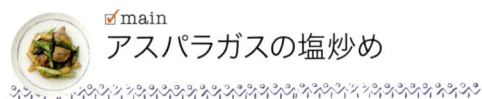

main
アスパラガスの塩炒め

●材料

アスパラガス	6本	A 醤油	小さじ1 1/3
じゃがいも	小2個	酒	小さじ2
鶏もも肉	100g	サラダ油	適量
		塩	小さじ1/2
		胡椒	少々

●作り方

1. アスパラガスは根元から1cmを切り取り、さらに根元1/3をピーラーで皮をむいたら、長さ5cm程度の斜め切りにする。じゃがいもは1cmの角切りにする。鶏肉は一口大に切りAを揉み込んでおく。
2. 熱したフライパンに油を入れて、鶏肉を強火で炒め、火が通ったら取り出す。
3. 同じフライパンでじゃがいもを炒め、焼き色がついたらアスパラガスを加える。1分ほど炒めたら2を戻し、塩、胡椒で味を調える。

> **野菜ソムリエアドバイス**
> アスパラガスは、下茹でせずに油で炒めることで歯応えが残り、水溶性のビタミンB群やCの損失を防ぎます。

side
かぼちゃのトマト煮

●材料

かぼちゃ	1/8個	A トマト缶(ダイスカット)	1/2缶
玉ねぎ	1/4個	バジル(手でちぎる)	1枝
にんにく	1片	味噌	小さじ1 1/3
サラダ油	適量	醤油、みりん	各小さじ2/3
		塩、胡椒	各少々

●作り方

1. かぼちゃは1cm角に切る。耐熱皿に入れ、ラップをして電子レンジで2分加熱する。
2. 熱したフライパンに油を入れて、みじん切りにした玉ねぎとにんにくを中火で炒める。しんなりしてきたら1を加えてひと炒めする。
3. Aを入れて、中火で3分ほど煮詰めたら完成。

> **野菜ソムリエアドバイス**
> βカロテンを豊富に含むかぼちゃ。かぼちゃは電子レンジで加熱してから煮ることで、調理時間を短縮することができます。

soup
もやしの担々スープ

●材料

もやし	100g	サラダ油	適量
豆苗	20g	豆板醤	小さじ1/2
玉ねぎ	1/4個	塩、胡椒	少々
椎茸	2個	ごま油	適量
にんにく(みじん切り)	1片分	A 鶏がらスープ	600ml
生姜(みじん切り)	1片分	白練りごま	大さじ2
小ねぎ	適量	味噌、醤油、みりん	各大さじ1
豚ひき肉	50g		

●作り方

1. もやしはひげ根を取り、熱湯でさっと下茹でする。豆苗は半分に切る。玉ねぎ、椎茸は粗みじん切りにする。
2. 熱したフライパンにサラダ油を入れて、にんにく、生姜を中火で炒める。香りが出たら玉ねぎ、椎茸を加えて強火で炒める。
3. しんなりしたら豚肉を入れ、色づいたら豆板醤を加えて炒め、さらにもやしを加える。
4. Aを入れてアクを取ったら、豆苗を加えてひと煮たちさせ、塩、胡椒で味を調える。器に盛り、ごま油と小口切りにした小ねぎをちらす。

> **野菜ソムリエアドバイス**
> ピリ辛風味が食欲をそそるスープ。ひと手間かけて、もやしのひげ根を取ることで食感が良くなります。

rice
雑穀ごはん

Total 747kcal

スタミナ食材4
アスパラガス

アミノ酸の一種、アスパラギン酸が新陳代謝を活発にし、疲労回復に効果的。日を当てずに栽培したホワイトアスパラガスに比べ、太陽をたっぷり浴びて育ったグリーンアスパラガスは各種ビタミンが豊富で、より栄養価が高いです。

スタミナ

> スタミナ丼

にんにくの芽の焼肉丼

ガツンとボリューム満点の焼肉丼は、スタミナレシピの王道！
野菜もたっぷり加えて、バランスも文句なしの一品。

緑黄色野菜
115g

淡色野菜
20g

☑ donburi
にんにくの芽の焼肉丼

● 材料

にんにくの芽	1束	
人参	3cm	
牛こま切れ肉	180g	
ごま油	小さじ2	
塩	少々	
胡椒	少々	
ごはん	2膳	

A
- 玉ねぎ(すりおろし) …… 1/6個分
- にんにく(すりおろし) …… 2/3片分
- 醤油、みりん‥各大さじ1
- ごま油 …… 大さじ2/3
- いりごま …… 大さじ2/3

B
- 醤油、みりん …… 各大さじ1 1/3
- オイスターソース、豆板醤 …… 各小さじ2/3

Total **722kcal**

● 作り方

1. にんにくの芽は3cmの長さに切って1分ほど塩茹でする。人参は短冊切りにする。
2. 牛肉はAに漬けておく。
3. 熱したフライパンにごま油の半量を入れて1を強火で炒め、しんなりしたら一旦取り出す。
4. 同じフライパンに残りの油を足して、牛肉を強火で炒める。茶色く色づいたら3を戻し入れる。ひと炒めしたらBを入れて1分ほど煮詰める。塩、胡椒で味を調えて、ごはんに盛りつける。

> **野菜ソムリエアドバイス**
> にんにくの芽は下茹ですると味がまろやかになります。また、牛肉の下味に玉ねぎを使うと、酵素の働きで肉のタンパク質が分解され、柔らかくなります。

スタミナ食材5
にんにくの芽

にんにくと同じく、ビタミンB_1の吸収を助けるアリシンが豊富で、疲労回復に効果的なにんにくの芽。普通のにんにくよりも香りがおだやかなので食べやすく、ビタミン類がより多く含まれています。

スタミナ

スタミナ
ジュース

ヴィシソワーズ風じゃがいもジュース

ジュースとスープの中間のような味わい。
まったりとコクがある不思議な美味しさにハマりそう！

淡色野菜
63g

☑juice
ヴィシソワーズ風じゃがいもジュース

●材料

じゃがいも	1個	はちみつ	大さじ1
牛乳	400ml	生姜汁	小さじ1
		黒胡椒	少々
		ミント	適量

●作り方

1. じゃがいもは皮をむいて細かく切る。水で洗ったら耐熱皿に入れ、ラップをして電子レンジで3分加熱する。
2. 牛乳、はちみつと一緒にミキサーに入れ、10秒ほど攪拌したら生姜汁を加えて混ぜ、カップに注ぎ、胡椒、ミントを添える。

> **野菜ソムリエアドバイス**
> はちみつのほのかな甘さと、ミントのさわやかな香りがポイント。じゃがいもに含まれるカリウムは、体内の余分なナトリウムを排出してくれます。

Total **212kcal**

野菜摂取のPoint

スタミナのための！

スタミナアップにぴったりの組み合わせは、ビタミンB1が多い食材(マメ科の野菜や、豚肉、うなぎ、大豆製品)×アリシンを含む野菜(にんにく、玉ねぎ、ニラ、ねぎなど)の組み合わせ。効果はもちろん、美味しさも相乗効果が期待できます。
柑橘類や酢、梅干しなどの酸味をプラスするのもオススメです。ビタミンB群は水溶性なので、なるべく茹でこぼさず、スープや煮込み料理なら汁ごといただくのが良いでしょう。
血糖値がすぐ上昇する糖質は一時的なパワーは出るものの、持続力に欠けるため、ゆるやかに血糖値を上げつつビタミンB群も補給できる玄米や、雑穀を主食にするのも良いでしょう。タンパク質をしっかり摂ることも忘れずに。

> まだまだ
> ある！

協会スタッフおすすめ
ひとこと簡単レシピ

野菜マニアな協会スタッフならではの、野菜と果物を美味しく食べるワザとは？
お手軽＆激ウマレシピをご紹介！

レシピ1　春菊の香りサラダ
春菊を洗い、適当にちぎって大皿に盛る。フライパンにごま油を適当に入れ、熱々に熱する。春菊にじゅわっとかけ、好みの醤油をたらして食べる。春菊の苦味が苦手な人におすすめです。

レシピ2　生姜ごはん
千切りにした生姜を、米、少量の塩、昆布とともに炊く。

レシピ3　キャベツの焦がし醤油炒め
ざく切りキャベツを少量の油で炒め、しんなりしてきたら細切りにした油揚げを投入。塩少々をふって炒め、仕上げに醤油をまわしかけて、香ばしい香りがしたら出来上がり。たっぷりキャベツが食べられます。

レシピ4　野菜の塩麹和え
生食できる野菜は、とりあえず塩麹で和えると、たいがい美味しい。

レシピ5　かぶのオードブル
8等分くらいのくし形切りにしたかぶに、スモークサーモンを巻き、ブラックペッパーを振り、レモン果汁とオリーブオイルをまわしかけると簡単おしゃれなオードブルに！

レシピ6　なんちゃってヴィシソワーズ
残り野菜（キャベツ、人参、じゃがいも、玉ねぎ、長ねぎ、長芋など）をコンソメスープで煮て、スイートコーン1缶を足してミキサーにかけ、生クリーム＋ミルクで好みにのばし、塩、胡椒で味を調える。

レシピ 7 パクチーペースト
パクチー、にんにく、生姜、ナンプラー、砂糖、塩、胡椒、レモン果汁（辛いのが好きな人は唐辛子も）を適当にミキサーにかける。保存容器に移し、サラダ油を表面をカバーするように注いだら出来上がり。ゆでた野菜や肉につけてヨシ、炒飯や炒め物、和え物に入れてヨシ、これひとつですぐにアジアの味に！

レシピ 8 万能トマトソース
トマト（皮をむく）、玉ねぎをみじん切りにして、バジル・オレガノなど好きなハーブ、オリーブオイル、塩、胡椒を入れる。我が家ではサーモンにかけてホイル焼きにしたり、鶏肉と一緒に焼いたりします。サラダにも合います。

レシピ 9 梅味噌
梅干、味噌、みりん、砂糖を混ぜるだけ。バーニャカウダに飽きたらコレ！

レシピ 10 フルーツ生ハム
生ハムにバルサミコ酢をかけて少しおいておき、グレープフルーツなどの柑橘系の果物を巻いて食べる。生ハムは安いものでOK。バルサミコ酢に漬けるだけで高級生ハムの味に変身！

レシピ 11 ゴーヤ茶
ゴーヤを薄切りにし、天日干ししたものをお茶にして飲むと利尿効果バツグン！

レシピ 12 アボやっこ
アボカドを細かく切ったところに、わさび、塩、めんつゆを入れてアボカドを潰しながら混ぜ、豆腐にのせて食べる。

レシピ 13 人参の明太子和え
人参を炒め、ほぐした明太子と和えるだけ。

レシピ 14 えのきたけの梅煮びたし
鍋に石づきを落として半分に切ったえのきたけを入れ、酒少々をふって蒸し煮にし、かさが減ってしんなりしたところにかつお節と叩いた梅肉を入れて和える。冷めても美味しい。ワカメを加えても○。日本酒に合います。

協会発 野菜こぼれ話

日本野菜ソムリエ協会ならではの、野菜愛にあふれた"あるある"エピソードをご紹介！

一般OLならデスクに加湿グッズやミラーなどを常備しているんでしょうが、協会では野菜や果物そのままや、加工品が載っていることが多い。

事務所の冷蔵庫にはマイ野菜のみならず、マイドレッシング、マイドライフルーツなど常にいっぱいストックされている…。

みんな、野菜や果物を擬人化する。とりあえず「かわいい」と言う(笑)。

旅行などに行くと、必ず地元のスーパーの青果売場をチェックしてしまう。珍しい野菜・果物を見ると買わずにはいられないし、すぐに写真に撮りたがり、風景よりも現地の野菜・果物の写真が多かったりする。

友達と焼肉に行くと、みんなが肉の焼き加減を気にしている横で、真剣に野菜の焼き加減と向き合ってしまう。

野菜ソムリエのスカーフの巻き方を研究するようになったので、空港に行くとCAさんのスカーフの巻き方が気になって仕方がない。

サンドイッチに入っているレタスやトマトはどんなものを使っているか、ついパンを開けて確認してしまう。

マイ菜園でさらっと野菜や果物を育てている人が多い。そして豊作だと無料配布される。

オフィスにかんぴょうが干されていた。夕顔からかんぴょうにしていたらしい。

適した保存方法がされずに明らかに変色したり状態が良くない野菜や果物を見ると腹が立つ。野菜に対して失礼だ！と文句を言いたくなる。

春・夏・秋・冬 ベジフル図鑑

野菜や果物を一番美味しく食べたいなら、

やっぱり旬のものを選ぶこと。

四季折々の代表的な野菜たちの魅力を

ちょっぴりお茶目にご紹介します。

キャベツ 【旬】春、冬

key word 1　ふたつの顔
暖かい春夏はふんわり、寒くなる秋冬はきゅっとかたく葉がしまる。外気温によって葉の巻きが変わるので、選ぶ際の参考に。

key word 2　胃腸薬にも使われるアレ
キャベツに含まれるビタミンUは別名キャベジンといい、胃腸などの粘膜を守る働きがある。熱に弱いので生食で摂取。

key word 3　大家族
ブロッコリーも葉ボタンも、もとをたどれば同じ野生種から派生した、いわば兄弟のようなもの。ほかにカリフラワーも同じ仲間。

【成分／効能】ビタミンCや食物繊維を多く含む。ビタミンCは特に外葉や芯に多く含まれるので、芯も薄く切るなどして捨てずに食べたいもの。キャベツから発見されたビタミンUは別名キャベジン。胃などの粘膜を守る働きがあり、薬にも使われるのはこの働きのため。
【選び方】春キャベツはふんわりと巻き、軽いもの。冬キャベツは巻きがしっかりとして重いもの。
【下ごしらえ】ビタミンCやB群など、水溶性の栄養成分をきちんと摂取するためには、切る前の大きな葉のまま洗うのがベター。
【保存】丸のままであれば新聞紙にくるんで冷暗所へ。カットしたものは、ビニール袋などに入れて冷蔵庫で保存。

玉ねぎ 【旬】春

key word 1　保湿力
春に出回る新玉ねぎと呼ばれるものは、収穫したてのもので、水分が多くやわらか。辛みもおだやかなので、生食にも向く。

key word 2　泣かされる
切ると涙が出るのは、アリシンという成分によるもの。揮発性なので冷やしてから切ると、その効果は薄まる。

key word 3　縁の下の力持ち
外皮からだしが取れるので、ほかの香味野菜と一緒に煮込んでスープストックに。黄色の成分はポリフェノールの一種でもある。

【成分／効能】全体的に糖質が多く、栄養価というよりは、その味わいを楽しみたい野菜。ユリ科ネギ属特有の香りの成分、アリシンはビタミンB1の吸収を高め、疲労回復に一役買ってくれる。なお、加熱に弱いので効果を期待するなら生食がおすすめ。
【選び方】頭部がしっかりとかたく、ふかふかしていないもの。
【下ごしらえ】水にさらすことで辛みはやわらぐが、水溶性の栄養素が逃げてしまうので注意が必要。シャキシャキ感を楽しむときは繊維に沿って、逆にやわらかな食感にしたいときは繊維を断ち切るようにするのがポイント。
【保存】蒸れると傷むので、風通しのよいところで保存。カットしたものはラップなどでくるんで冷蔵庫へ。

春

なばな 【旬】春、冬

key word 1　同名異菜
なばなとはアブラナ科の野菜のつぼみ、花茎、若茎を食用とする総称で、小松菜、水菜、ちんげんさいや白菜も含まれる。

key word 2　貯蓄
これから成長する栄養を蓄えているからか、栄養価が高い野菜。本書に掲載している中では、ビタミンC含有量はトップ！

key word 3　花もまた個性
花が咲くと味が落ちるので、つぼみの状態で食べる方がよいが、花の鮮やかな色を生かして、料理のあしらいに使うのもひとつの手。

【成分／効能】ビタミンCやβカロテンが多く、相乗効果で抗酸化作用が期待できる。また、カルシウムの中でも多く含まれる。食物繊維も多いので、整腸作用も期待できる。
【選び方】切り口がみずみずしくて変色していないもの。つぼみが揃っていて、花が咲いていないもの。
【下ごしらえ】独特の風味と食感を楽しめるので、加熱しすぎないこと、茹でた後に水にさらしすぎないこと。すぐに食べられない場合は、かために茹でて冷凍したり、塩漬けにするのもひとつの方法。
【保存】湿らせたペーパータオルなどでくるんで冷蔵庫で保存。とはいえ、足がはやいので買ったら早めに食べきりたい。

パセリ 【旬】春

key word 1　隠れた主役
料理の付け合わせにされることが多いが、栄養価が非常に高く、βカロテンの含有量もとても多い。捨てるなんてもったいない！

key word 2　平葉種
一般的な葉が縮れたタイプに加え、葉が平たい通称イタリアンパセリもある。こちらの方が、味や香りがおだやか。

key word 3　江戸っ子
新顔のように思われるが、日本に入ってきたのは江戸時代のこと。オランダからもたらされたことから、オランダゼリと呼ばれていた。

【成分／効能】一度にたくさん食べることは少ないものの、100グラムあたりの栄養素をみると、ビタミンCやβカロテン、食物繊維や鉄など、野菜の中では上位に入るものばかり。また、独特の香りはアピオールやピネンという精油成分で、消臭効果があるといわれる。
【選び方】全体的にシャキッとして、みずみずしいもの。
【下ごしらえ】電子レンジで加熱したり、ラップにくるんで冷凍した後に、葉をもみほぐすと簡単にパセリパウダーができあがる。にんにく、塩、胡椒、オリーブオイルと一緒にミキサーにかけてソースにしておくのも◯。
【保存】ビニール袋に入れて冷蔵庫で保存。長期保存する場合は、ラップなどにくるんで冷凍保存しても。

アスパラガス 【旬】春

key word 1 男女混合
じつは雄株と雌株がある。流通している大半は発生率の高さから、雄株なのだそう。

key word 2 日焼け派？ 白肌派？
グリーン／ホワイトアスパラガスも元は一緒。日に当てて育てるのがグリーンで、日を遮って育てるとホワイトアスパラガスに。

key word 3 箱入り娘
根株を植えてから収穫まで2〜3年かかる。肥料をたっぷりとあげないと育たないという、手間暇かかる野菜なのだ。

【成分／効能】ビタミンCや食物繊維を多く含む。ビタミンCは特に外葉や芯に多く含まれるので、芯も薄く切るなどして捨てずに食べたいもの。
【選び方】穂先がびしっと詰まって、真っすぐなもの。切り口がみずみずしいもの。
【下ごしらえ】下部がかたいものが多いので、下部だけピーラーでむいてから調理するとよい。すぐに火が通るので、ゆでる場合も加熱時間は短めにし、余熱で火を通すとよい。
【保存】呼吸量が多く、鮮度劣化が早いので、買ったらすぐに食べること。保存する場合は、新聞紙などにくるんで冷蔵庫に立てて保存する。

たけのこ 【旬】春

key word 1 急ぎ足
鮮度劣化が早く、「朝掘ったらその日のうちに食べろ」と言われるほど。買ったらすぐに食べるか、茹でるなど処理をほどこしたい。

key word 2 頭頂部が肝
地上に少しでも頭が出ると、日に当たりかたくなり、えぐみも増えてしまう。先端が黄色がかっているものはえぐみが少ない。

key word 3 遠い親戚
一般的なのは孟宗竹だが、淡竹、真竹という品種もある。ちなみにシナチクは麻竹を味付けしたものなのだ。

【成分／効能】うま味成分をたっぷりと含み、そのうま味のもとはアスパラギン酸やグルタミン酸。切るとたまに白い粉のようなものが現れるが、これもアミノ酸の一種でチロシンという成分。そのほか、食物繊維のセルロースも含まれる。
【選び方】皮が薄茶色で、穂先が黄色がかっているもの。切り口がみずみずしく変色していないもの。
【下ごしらえ】掘りたてのものを除き、アク抜きの処理が必要。皮つきのまま穂先をななめに切り落とし、米ぬかや米のとぎ汁、唐辛子を加えた熱湯で茹でる。根元にすっと竹串が刺さるまで茹でたら、そのまま冷めるまで湯の中に置いておく。
【保存】買ったらすぐに茹でる。茹でたものは水に浸けて保存し、2、3日以内には食べきる。

ニラ 【旬】春

key word 1 黄色もまた、わたし
日に当てずに育てたものが黄ニラで、緑色のものと比べて香りがマイルドで歯ざわりもやわらか。

key word 2 薬用
日本に入ってきたのは9世紀と古いが、長くは薬用としての利用で、野菜として食べるようになったのは第二次世界大戦後のこと。

key word 3 春本番
通年出回るが、春の出荷量が多い。また、冬から春にかけては葉はやわらか、夏のものは葉がかためと若干の差がある。

【成分／効能】ほかのねぎ類と同様に、香りの成分である硫化アリルがビタミンB1の吸収を助ける。βカロテンやビタミンCやEも多く、抗酸化作用が期待できそう。葉ものが少ない夏場の、貴重なβカロテン供給源となる。
【選び方】葉の先までピンとしたハリがあるもの。乾燥しやすく、葉先からしんなりしてくるので、なるべく早めに食べる。
【下ごしらえ】火の通りが早いので、炒めものにする際は、最後に入れるか余熱で熱を通すだけでも十分。なお、加熱するとしんなりするので、見栄えを考慮するなら、長めに切って調理するとよい。
【保存】新聞紙などにくるんで、できれば立てて冷蔵庫で保存。

いちご 【旬】春

key word 1 野菜なんです
植物学的には野菜に属するが、食のシーンでは果物として扱われることから「果実的野菜」と呼ばれる。ほかにスイカやメロンも野菜。

key word 2 上から下へ
ヘタに近い部分よりも、先端が一番甘い。食べるときはヘタを取り、ヘタに近い部分から先端に向かって食べ進むと満足度が上がる!?

key word 3 目立ちながら脇役
じつはつぶつぶの部分が果実で、全体の赤い部分は花托といい、台のようなもの。種は粒の中に入っているのだ。

【成分／効能】ビタミンCが豊富。生食することが多く、ビタミンCの補給源として優秀な果物。5粒程度食べれば、成人の1日の推奨量をカバーできてしまうほど。ほかに、ポリフェノールや歯の健康を保つキシリトールも含まれている。
【選び方】実の色味が均一で、ヘタが青々としてピンとハリがあるもの。
【下ごしらえ】すぐに食べられない場合は、ヘタを取って丸ごと冷凍したり、ジャムにするのもいい。
【保存】鮮度劣化が早いので、買ったらすぐに食べきる。ヘタを取ったものを、丸のまま冷凍保存もできる。

春

夏

トマト 【旬】夏

key word 1　旬はアナタ次第
元来の旬は夏で、暑い時期は大きくてさっぱりとした味。春先はゆっくりと育ち、小ぶりで味の濃いものが多い。好みで旬が変わるといえる!?

key word 2　強気な赤
赤色の成分はリコピン。強力な抗酸化作用があるといわれ、その力はビタミンCを超えるとも。赤色の力でアンチエイジング!?

key word 3　糖度だけじゃない
ゼリー部分には多くのうま味成分が含まれている。トマトの美味しさの構成のひとつはうま味なので、ゼリー部を捨てるなんてもったいない。

【成分／効能】赤色の成分であるリコピンは、抗酸化作用があり、その力はビタミンCやEをもしのぐとも。ビタミンC含有量は多くはないものの、一度にたくさんの量が摂れるので効率よく摂取することができる。
【選び方】丸みがあり、きちんと重さがあるもの。皮にハリとツヤがあるもの。
【下ごしらえ】丸のまま冷凍しても、凍ったまま流水にさらせば、つるりと皮をむくことができる。皮つきのままつぶして冷凍し、そのままスープに使ったり、ソースとして使える。ゼリー部分には酸味も含まれるので、ゼリー部に調味料を加えて簡単ドレッシングにも。
【保存】冷えすぎる場所が苦手なので、まだ青みが残るもの、暑くない時期は常温保存も可能。

キュウリ 【旬】夏

key word 1　ただのへそ曲がり
多少の曲がりは味や鮮度に関係はない。いぼが痛いほどしっかりとしているのが鮮度がよいしるし。

key word 2　ガードがかたい
表皮がかたく、調味料のなじみがあまりよくない。丸のまま、少量の塩をまぶしてまな板の上を転がして板ずりをするとよい。

key word 3　順応力
冷やして食べることが多いが、加熱してもおいしく食べられる。炒めて中華系の味付けにしても◎。

【成分／効能】95％以上が水分で、カリウムやビタミンC、食物繊維以外はそれほど栄養素は多くない。カリウムは余分なナトリウムを排出するなどの働きがある。
【選び方】太さが均一のもの。多少の曲がりは気にしなくて大丈夫。両端がしなびていないもの。
【下ごしらえ】意外と皮がかたいので、板ずりのほか麺棒でたたいてから味付けをすると、味のなじみがよくなる。長時間冷蔵庫に入れておくと、とろけてしまうので、できるだけ早めに食べきるように。
【保存】冬場は常温で保存し、それ以外の時期はビニール袋に入れて冷蔵庫で保存する。

オクラ 【旬】夏

key word 1　丸から角をつくる
元々は角がない丸オクラだったが、品種改良により角のあるものへ。丸オクラは、現在も沖縄県などで栽培されている。

key word 2　うぶ毛上等
うぶ毛がびっしりと生えていることは、鮮度がよいしるし。選ぶ際に確認したい。

key word 3　ハイビスカス似
ハイビスカスと同じアオイ科に属し、似たような花を咲かす。咲いてもあっという間にしぼんでしまうのが残念ほど、あでやかな花なのだ。

【成分／効能】βカロテンやビタミンC、食物繊維などを含む。オクラで特徴的なものは粘り。粘りの成分には胃壁などの粘膜を守る働きがある。
【選び方】うぶ毛がびっしりと覆っているもの。鮮やかな緑色で黒ずんでいないもの。大きすぎるものはかたいので避ける。
【下ごしらえ】うぶ毛が気になる場合は、少量の塩で板ずりをするとうぶ毛が取れて口当たりがよくなる。板ずりは、色鮮やかにする効果も。粘りを出したい場合は、細かくたたく。ほどよい食感を残すためには、加熱時間を短くし、余熱で熱を通すのもひとつの手。
【保存】まずは、できるだけ早めに食べる。冷蔵庫に入れる場合は、そのまま入れると低温障害を起こして味が落ちるのでビニール袋に入れる。

スイートコーン 【旬】夏

key word 1　連帯
ふさふさのひげの正体は、めしべの花柱。このひげと実の粒の数は一致するので、ひげが多いものは、中身も充実している!?

key word 2　新食感
ひげは茶色の部分を除き、食べることができる。スープに入れたり、茹でて刻んで和えものにも。シャキシャキの食感が楽しめる。

key word 3　とうもろこしとの関係
一般的にはとうもろこしと呼ばれるが、厳密には野菜として食べる甘味種をスイートコーン、コーンスターチやコーン油に使うものがとうもろこしなのだ。

【成分／効能】糖質が多く、野菜の中では高エネルギー。米と同じイネ科であると分かると納得できる。野菜と穀物の要素を兼ね備えた野菜なのだ。漢方では、ひげに利尿作用があるとされ、むくみ軽減に効果があるといわれる。
【選び方】ふっくらとした実が隙間なく詰まっているもの。ひげがふさふさとして、褐色のもの。
【下ごしらえ】でんぷん質が多くて火の通りが遅いので、水の状態から入れて茹でる。すぐに食べられない場合は茹でて輪切りにしたり、粒をはずして冷凍も。
【保存】鮮度劣化が早いので、買ったその日のうちに食べるのがベスト。難しければ、ラップなどにくるんで立てて冷蔵庫で保存。

なす 【旬】夏

key word 1　高級品
古くは、寒さに弱いなすを油を塗った紙で覆って育て、殿様に献上したこともある。このことから、かつては高価で貴重だったという。

key word 2　いくつもの顔
日本での栽培の歴史は古く、全国に多くの在来種が残っており、その数は1200種を超える。白や緑、小さなもの、長いものまで。

key word 3　意味のあるなす紺
外皮の濃紺色の色素成分は、ナスニンというポリフェノールの一種。抗酸化作用を期待したいところ。

【成分／効能】水分が多く、カリウムと食物繊維を含むほかは目立った栄養成分はないものの、どんな味付けにも合う万能野菜。紫色の色素成分はポリフェノールの一種で抗酸化作用があるといわれている。
【選び方】皮にハリがあり、ヘタが痛いほどにピンととがっているもの。
【下ごしらえ】アクが含まれるので水にさらしてから調理することが多いが、このアクはポリフェノールでもあるので水にさらしすぎないように。油との相性がよく、なすのまろやかな味が際立つが、スポンジ状の果肉が油を吸いやすいため、大きく切ってから揚げた後、小さく切るほうがよい。
【保存】ビニール袋などに入れて冷蔵庫で保存。カットした面から水分が失われるので、できれば一度に1本使い切る。

ピーマン 【旬】夏

key word 1　衣装チェンジ
緑のものも赤ピーマンも元は同じもの。緑は未熟な状態で、熟すと赤へと変化する。熟すことで甘みが増して青くささがなくなる。

key word 2　親戚
パプリカはピーマンの大型種で、緑、赤、オレンジ、黄色、紫色などじつにカラフル。色味を生かして料理を華やかに！

key word 3　辛みマイナス
唐辛子の中でも、辛みのない甘唐辛子の仲間がピーマン。日本に最初入ってきた頃は、辛みのある品種だったとのこと。

【成分／効能】ビタミンCがとても多く、βカロテンや食物繊維も比較的多く含まれる。緑と赤のピーマンは生育段階が異なるので、含まれる栄養素に若干違いがある。ビタミンCやE、βカロテンは赤ピーマンの方がはるかに多く含まれ、食物繊維は緑色の方が多い。
【選び方】皮にツヤとハリがあり、身がふかふかしていない。ヘタがピンと張って黒ずんでいないもの。
【下ごしらえ】種やワタを取り除くことで、辛みや苦みを取り除くことができる。パプリカの薄皮が気になる場合は、直火で焼いてはがしてから使うという方法も。
【保存】ビニール袋に入れて冷蔵庫で保存する。短期間で、かつ丸のままであれば常温保存も可能。

かぼちゃ 【旬】夏

key word 1　時間が美味しく変える
収穫したては、甘みが薄く水っぽいものも。収穫後、時間の経過とともにでんぷん質が糖化して甘みが引き出されるのだ。

key word 2　ほくほく、しっとり
相容れない形容詞のようだが、どちらもかぼちゃの特徴。一般的なかぼちゃは西洋種で、ほくほくしたものが多く、東洋種は水分が多くてしっとり。

key word 3　経由、カンボジア
16世紀にカンボジア経由で日本に入ってきた。カンボジア、がなまって、今の「かぼちゃ」という名になったとか。

【成分／効能】抗酸化作用のあるβカロテンが多く含まれ、炭水化物に匹敵するほどエネルギー価が高く頼もしい野菜。ビタミンCや食物繊維も意外と多い。皮も栄養素を多く含んでいる。
【選び方】ヘタがからからに乾いてコルク状になっている。カットしたものは、ふっくらとした種がぎっしり詰まっているもの。
【下ごしらえ】煮る場合は、そのままでは皮がかたく味がしみこみにくいので、皮の一部を薄く切り取ってから煮る方法も。かたくて切りにくいので、電子レンジで少し加熱してから切る方法もある。
【保存】丸のままであれば、2、3カ月の常温保存が可能。種とワタから腐り始めるので、カットしたものは種とワタを取り除いて冷蔵庫へ。

スイカ 【旬】夏

key word 1　野菜で果物
植物学的には野菜に属するが、食味などの観点から流通の現場では果物として扱われる。

key word 2　お殿様
ひとつの苗から一個だけ収穫するという。実が小さい段階でひとつの実を残して、残りは摘果し、ひとつを大きく育てるのだ。

key word 3　砂漠生まれ
アフリカのカラハリ砂漠が原産地だといわれる。似たような果物・メロンも、植物学的には野菜であり、アフリカ生まれだというのも面白い。

【成分／効能】果肉の赤色は、カロテノイドの一種でリコピンによるもので、抗酸化作用があるといわれる。そのほか、利尿作用のあるカリウム、アミノ酸の一種であるシトルリンも含まれる。シトルリンはほかの植物にも含まれるが、スイカから発見された栄養成分。
【選び方】きれいな丸みで、ずしりと重いもの。カットしたものは、断面に空洞がなくなめらかなもの。
【下ごしらえ】果肉を一口大に切って冷凍保存も可能。凍ったままミキサーにかけると、シャリシャリの食感のスムージーに。
【保存】丸のままであれば常温で保存し、カットしたものはラップなどで包んで冷蔵庫で保存。時間の経過とともにシャリ感が失われるので、できるだけ早めに食べる。

夏

じゃがいも 【旬】秋

key word 1 茎の延長
食べている部分は、茎が肥大したもの。紫色のじゃがいもは茎が紫色なので、色彩でもそのつながりを感じることができる。

key word 2 危険な緑
芽や皮が緑色になっている部分には、ソラニンという毒が含まれるので、切り取ってから調理する。

key word 3 ひとくくりにしないで
じつに多くの品種があり、ほくほく、ねっとりなど食味の違いのほか、黄色、紫など果肉の色にもバリエーションが多い。

【成分／効能】ビタミンCやカリウムを含む。ビタミンCは熱に弱いが、じゃがいもに豊富に含まれるでんぷん質が保護してくれ、加熱しても損失が少ない。主成分が炭水化物であり、野菜と穀物の両方の顔をもっている。
【選び方】丸みがあって、しっかりとかたく締まっているもの。色が均一でしわがないもの。
【下ごしらえ】茹でるときは皮つきのまま茹でる方が水っぽくならずに仕上がる。マッシュポテトにするときは、熱いうちにつぶすこと。冷えるとべたっと仕上がってしまう。
【保存】丸のままの場合、発芽を避けるため、新聞紙などにくるんで日の当たらない場所に保存。

さつまいも 【旬】秋

key word 1 救世主
かつては、日本を飢饉や戦後の食料難から救ってくれた頼もしい存在なのだ。

key word 2 緑々しい
さつまいもの茎や葉を食べる専用種もある。シャキシャキとして、ほんのりとした甘みもあり食べやすい。

key word 3 嬉しい悩み
選ぶのに悩んでしまうほど、多くの種類がある。ねっとりと濃厚な甘みのあるもの、あっさり味、果肉の色も濃い黄色や紫など、じつに多い！

【成分／効能】いも類の中では甘みが強く、野菜としては高エネルギーだが、白米などと比べるとはるかにエネルギーは低い。ビタミンCや食物繊維などの栄養素も多いので、積極的に食べたいもの。
【選び方】皮にツヤがあり、色が均一のもの。太くてデコボコが少ないもの。
【下ごしらえ】切ったら水にさらしてアクを抜く。甘みを引き出したい場合は、ゆっくりと加熱することが大事。甘みはアミラーゼという酵素の働きで、加熱するとでんぷん質が麦芽糖に変わることで感じることができる。ゆっくり加熱することで酵素が活発に働き、甘みがより引き出されるのだ。
【保存】低温に弱いので、丸のままの場合は新聞紙にくるんで常温で保存する。

椎茸 【旬】秋

key word 1 似て非なるもの
生椎茸は、ぷりぷりの食感、乾燥椎茸は香りが強いなど、同じ椎茸でも個性が変わるのが面白い。

key word 2 森育ち
一般的には、おがくずなどに菌を植えて育てるが、ナラやシイなどの原木に菌を埋め込み、森の中に置いて育てる方法も。時間はかかるが、風味が強い。

key word 3 日光浴
調理する前に、1、2時間ほど日光に当てるとうま味が増す。これは乾燥椎茸でも同じこと。

【成分／効能】グルタミン酸やグアニル酸などのアミノ酸が含まれ、これらがうま味をつくる。椎茸特有のアミノ酸、エリデタニンも。そのほかビタミンB群や食物繊維が含まれる。エルゴステロールは日光の紫外線によりビタミンDに変わり、生よりも乾燥椎茸に多く含まれる。
【選び方】肉厚でカサがあまり開いていないもの。カサの裏側が白く、ひだが細かいものが鮮度がよい。
【下ごしらえ】水で洗うと風味が落ちてしまうので、汚れがある場合はペーパータオルなどでふく程度にする。
【保存】ラップに包んで冷蔵庫へ。湿気があると傷みやすいので注意する。なお、日に干して乾燥椎茸にする方法も。

ぶどう 【旬】秋

key word 1 マイナー派
日本での栽培は、生食用がほとんどだが、ほかの国では、その多くがワインなどの醸造用に使われる。

key word 2 肩狙い
つるに近い上部の外側、肩に当たる部分の糖度が高い。下の部分と食べ比べてみると、その差が分かる。

key word 3 新鮮なしるし
皮についている白い粉のようなものはブルームといい、実を保護する成分で新鮮なしるしでもある。

【成分／効能】ブドウ糖と果糖が多く、これらの吸収は早く、すばやくエネルギー源となる。黒や赤系の皮にはアントシアニンなどのポリフェノールが含まれている。赤ワインにもポリフェノールが謳われるのは、これが理由。
【選び方】皮にハリがあり、ふっくらとしているもの。つるが緑色で枯れていないもの。
【下ごしらえ】あまり日持ちがしないので、できれば早めに食べきりたい。房から実をはずしてよく洗って冷凍保存も。半解凍での状態で食べると、シャリシャリとした食感が楽しめる。
【保存】日持ちがしないので、2、3日を目安に食べきる。保存する場合は、冷蔵庫へ。

秋

ごぼう 【旬】秋、冬

key word 1　皮に意義あり
皮にうま味や香りがあるので、皮はむかずに包丁の背でこそげ落とす程度で十分。

key word 2　「ごぼう抜き」はなし
ごぼうは細かなひげ根がたくさん生えていて、土から抜くのは難儀。実際は脇の土を掘っての収穫になる。

key word 3　長期休暇
初夏に収穫し、保存したものが通年出回る。じつに保存性に優れているのだ。

【成分／効能】水溶性、不溶性の両方の食物繊維を多く含む。水溶性食物繊維はコレステロールなどの吸収を抑制し、不溶性食物繊維は腸の働きを活発にし、便秘の解消に一役買ってくれる。甘みのもとはオリゴ糖で、同じく整腸作用がある。
【選び方】太さが均一で真っすぐのもの。肌に弾力があり、断面に空洞がないものを選ぶ。
【下ごしらえ】アクがあるので、水にさらしてから調理することが多いが、長時間水にさらすと、栄養もうま味も逃げてしまうので注意。シャキシャキの食感を楽しみたいときは、繊維に沿って縦に、逆にやわらかな食感にしたいときは、ささがきにする。
【保存】土つきのものは新聞紙などにくるんで冷暗所で保存する。洗いごぼうは、ラップなどで包んで冷蔵庫で保存。

れんこん 【旬】秋、冬

key word 1　それも個性
赤褐色なのは本来のれんこんの色なので気にしなくてよい。切り口が黒ずんだものは、アクが回っているので注意する。

key word 2　非常食
かつては城の周りのお堀でハスを育てることが多かった。これは、戦などの非常時に食用とする意味もあったとか。

key word 3　通気口
れんこんの穴は、地上から酸素を取り入れるための通気口の役割を果たす。意味があっての穴なのである。

【成分／効能】特筆すべきはビタミンC。意外と多くのビタミンCを含んでいる。豊富に含まれるでんぷん質に守られ、加熱による損失が少ないのも特徴。切ると糸を引くのは、ねばりの成分によるもので、粘膜を保護する働きがある。
【選び方】切り口が黒ずんだものは避ける。ずんぐりとした形で、丸みがあるもの。
【下ごしらえ】色を白く仕上げたい場合は、酢などの酸を加えてゆでるとよい。ただし、れんこんの香りが酢によって消えてしまうので、色が気にならない場合はそのまま調理する。加熱時間により食感が変わり、短時間だとシャキシャキ、長時間だともっちりと仕上がる。
【保存】ラップに包んで冷蔵庫で保存する。湿らせた新聞紙でくるんでもよい。

リンゴ 【旬】秋

key word 1　近づけたり、遠ざけたり
エチレンガスという植物ホルモンの発生量が多く、青果物の追熟を促す。反面、老化も進めてしまうので、近くに置く素材に気をつけたい。

key word 2　天然のツヤ
皮の表面がツヤツヤしているのは、リンゴが自ら作り出す天然のロウ物質。気にしないで食べよう。

key word 3　長老
一年中出回るのは、保存の技術によるもの。すべてのリンゴは秋に収穫され、順次出荷されているのだ。

【成分／効能】ペクチンという水溶性の食物繊維を含み、おなかの調子を整えてくれる。果糖とブドウ糖が多く、エネルギー源として働いてくれる。そのほか、リンゴ酸も含み、これには炎症を抑えたり粘膜を保護する働きもある。
【選び方】皮にツヤとハリがあり、全体的に色が回っているもの。
【下ごしらえ】切ると断面が褐変するので、変色を防ぐためには塩水かレモン果汁などをつけるとよい。皮の部分に食物繊維やポリフェノールも含まれるので、皮は薄めにむいて。
【保存】ビニール袋に入れて冷蔵庫に入れれば、比較的日持ちするが、蜜が出ているものは傷みが早いのでなるべく早く食べる。

梨 【旬】夏、秋

key word 1　西洋、東洋
日本で多く食べられているのは日本梨、これに対し諸外国では洋梨が一般的。前者はシャリシャリ、後者はねっとりと食感にも違いが。

key word 2　赤か青か
関東近辺では、皮が赤系の幸水、豊水が圧倒的に人気。関西地域では、二十世紀などの青い皮のものが人気と、地域差があるのも面白い。

key word 3　ありのみ
なしが「無し」に転じるため、「ありのみ」と称する場合も。こんなにもおいしい果実、確実に「有り」でしょう！

【成分／効能】水分が多く、夏の暑い時期の体をクールダウンさせてくれる。ざらざらの食感は石細胞と呼ばれ、体内で消化されずに食物繊維に似た働きをしてくれる。また、カリウムも多い。
【選び方】皮に色むらがなく、ずしりと重い。適度なかたさがあるものは水分が多く、柔かいものは熟しすぎの可能性がある。
【下ごしらえ】皮に近い部分に強い甘みがあるので、皮は薄くむいて食べたい。日本梨は時間の経過とともに、持ち味のシャリシャリ感が薄れるので、なるべく早めに食べたいもの。
【保存】新聞紙でくるんだり、ビニール袋に入れて冷蔵庫で保存。古くなるとシャリ感がなくなり、味がぼけてしまう。

秋

ほうれん草 【旬】冬

key word 1　ぶっちぎり一位
同じほうれん草でも、夏と冬では含まれる栄養素に違いがあり、ビタミンCは冬場には夏場の3倍も多く含まれている。

key word 2　防御作用
寒じめほうれん草と呼ばれる、糖度が高い種類もある。冬場の寒さから身を守るため、糖度を上げた作用による甘みなのだ。

key word 3　東西融合
現在の日本のほうれん草は、アクが少ない東洋種と育てやすい西洋種の中間的な種類になっている。

【成分／効能】鉄分をはじめ、造血作用のある葉酸、ビタミンCなど、女性が気になる栄養素を多く含んでいる。そのほかβカロテンも多い、栄養価が高い野菜。
【選び方】葉が濃い緑色で葉先までハリがあるもの。黄色く変色していないもの。
【下ごしらえ】アクのもとであるシュウ酸を含むが、茹でて流水にさらせば気にしなくても大丈夫。なお、茹でる際は茎を入れてから時間差で葉を湯に入れると、均一に茹で上がる。
【保存】ビニール袋に入れて、できれば立てて冷蔵庫で保存する。

大根 【旬】冬

key word 1　上の顔、下の顔
白い根の部分は淡色野菜だが、葉はβカロテンが多く緑黄色野菜に分類されるほど。葉つきのものは、捨てずに食べたい。

key word 2　下に集合
葉に近い上部に比べて、先端の方が辛みが強い。おろしにする場合は、先端を使うとピリリとした辛みが感じられる。

key word 3　七草の一員
春の七草に数えられる「すずしろ」は大根のこと。日本での大根の歴史は古く、『古事記』にも登場。

【成分／効能】根にはビタミンCのほか、消化酵素も含む。消化酵素のアミラーゼは加熱すると、その効果が失われるので、効果を期待するなら生食したい。大根の葉は緑黄色野菜としても優秀。
【選び方】葉の近くは青く、白い部分はしっかりと白いもの。カットしたものは、スが入っていないもの。
【下ごしらえ】葉つきのものを買ったら、すぐに根と葉を切り離して保存。そのままにしておくと、葉が根の栄養を吸い上げ、鮮度が落ちてしまう。切ったものを天日に干して、自家製の切干大根にしても。
【保存】葉つきのものを買ったら、すぐに根と切り離す。ぬらした新聞紙などにくるんで冷蔵庫で保存する。

冬

白菜 【旬】冬

key word 1　自分の身は自分で守る
霜降り白菜、という言葉があるように、寒さに当たると甘みが増す。これは糖度を上げて凍らないようにする、白菜の防衛本能によるもの。

key word 2　一枚、また一枚
丸のまま買った場合は、葉を一枚ずつはがして使う方が持ちがよくなる。

key word 3　使いきりサイズ
片手に乗るほどの小さな白菜もある。一度の料理で食べることができ、使い勝手も抜群。

【成分／効能】約95％が水分で、低エネルギー。栄養価はそんなに高くないものの、ビタミンCやカリウムなども含む。エネルギーは100g食べても14キロカロリーと、野菜の中では群を抜いて低い。
【選び方】胴がしっかりと張り、ずしりと重いもの。カットされているものは、芯が高すぎないもの、また葉の断面が盛り上がっていないものを選ぶ。
【下ごしらえ】味のしみ込みをよくするためには、そぎ切りに。やわらかい食感にもなる。サラダにする場合は、熱湯を回しかけるだけでも十分。こうするだけでもカサが減り食べやすくなり、みずみずしさも味わえる。
【保存】暑い時期を除いて丸のままであれば、新聞紙にくるんで冷暗所で保存。カットしたものはビニール袋に入れて冷蔵庫へ。

ブロッコリー 【旬】冬

key word 1　7000個
食べている部分は、つぼみの集合体。この数は、大きいものでなんと7000個ぐらいにもなるのだとか。

key word 2　逆転勝利
日本では、仲間であるカリフラワーの方が先に定着していたが、栄養価の高さが知られるにつれ、地位が逆転。今ではブロッコリーの方が人気がある。

key word 3　すべてが主役
茎の部分も甘みがあって美味しいもの。薄く切るなどして余さず食べたい。

【成分／効能】美肌のビタミンとも呼ばれるビタミンCがとても多く、100g食べれば成人の一日の所要量をクリアするほど。ほかにビタミンAの前駆体であるβカロテンやビタミンEも含み、抗酸化作用が期待できる。
【選び方】つぼみが密集して色が濃いもの。黄色いものは鮮度が落ちている。茎の切り口がみずみずしく、スが入っていないもの。
【下ごしらえ】加熱に弱いビタミンCを効率よく摂るため、また色鮮やかに仕上げるためにも、加熱はさっとが鉄則。余熱で熱を通すことも考慮に入れて、加熱したいもの。
【保存】あまり日持ちがせず、鮮度劣化が早いので、できるだけ早めに食べる。かために茹でて冷凍保存してもよい。

かぶ 【旬】冬

key word 1 全国行脚
日本各地に在来種が多く残り、その数は80種にものぼるといわれている。

key word 2 葉の存在意義
大根同様に、根は淡色野菜だが、葉は緑黄色野菜に分類されるほどβカロテンの含有量が多い。

key word 3 二極
同じ日本でも、在来の品種に差があり愛知県から岐阜県を結ぶラインを境に、東は寒さに強いヨーロッパ型、西はアジア型の在来種と種類も二分！

【成分／効能】消化酵素のアミラーゼを含み、消化を助けてくれる。酵素は加熱に弱いので、サラダなど生食がおすすめ。根よりも栄養価が高い葉は、βカロテンやビタミンC、食物繊維などが豊富。
【選び方】葉がみずみずしく、黄色く変色していないもの。丸々としてツヤがあるもの。
【下ごしらえ】煮物などで見栄えをよくするために、茎の部分を残して切って調理することも。この際は、茎の付け根の部分の泥を落とすために流水を当てながら竹串などでかき出すようにして洗う。また、面取りをしてから煮ると味のしみ込みがよくなる。
【保存】買ったらすぐに葉を切り落として別々に保存する。根はビニール袋に入れて冷蔵庫へ。葉は劣化が早いので早めに食べる。

人参 【旬】秋、冬

key word 1 語源
英語名のキャロット。栄養素のひとつ、βカロテンはこのキャロットからきているのだとか。それだけ豊富に含まれているという表れでもある。

key word 2 葉つき狙い
たまに葉つきのものが売られることも。かき揚げにしたり、パセリの要領で使うなど、意外と活用の場が広い存在。

key word 3 原種
紫色の人参もあり、新顔かと思いきや、じつは人参はもともとは紫色だったとか。

【成分／効能】緑黄色野菜の代表格で、βカロテンが豊富。βカロテンは脂溶性なので、油と一緒に摂ることで吸収アップ。そのほか、カリウムやカルシウムなども含まれる。
【選び方】首の部分が黒ずんでいないもの。軸の切り口が細いものが、芯が細くてやわらかい。
【下ごしらえ】出荷のときに、機械により薄皮をむかれた状態になっているため、皮はむかなくても大丈夫。冷凍もできるが、自然解凍するとスカスカになってしまうため、使うときは凍ったままで。
【保存】暑い時期はビニール袋に入れて冷蔵庫へ。冬場は丸のままであれば常温でも保存が可能。

長ねぎ 【旬】冬

key word 1 単刀直入
かつては"キ"と呼ばれており、これは臭気を意味した。ねぎの香りが特徴的ということだろうが、あまりにもストレートな名前。

key word 2 半引きこもり
白い部分が長いねぎは、下部に土をかぶせたり、黒いフィルムをかぶせて日を当てずに栽培している証。日に当たると全体が緑色になるのだ。

key word 3 覗き見禁止
茨城県、山形県の在来種で皮が深いワインレッド色の赤ねぎもある。ただし、外側から何枚かむくと中は真っ白。

【成分／効能】ビタミンCは根深ねぎ、葉ねぎに共通して多く含まれる。ねぎに含まれる香りの成分は硫化アリル。肉や魚のくさみを取るほか、ビタミンB1の吸収を高める。また、辛み成分には殺菌作用や身体を温める作用も。
【選び方】白と緑の境目がはっきりしているもの。適度な重さがあり、身がふかふかしていないもの。
【下ごしらえ】硫化アリルは加熱に弱いため、効果を期待するのであれば生食で。白髪ねぎなどの場合は、切ってから水にさらすが、栄養素の流出も多くなるのでさらしすぎには注意。
【保存】新聞紙にくるんで冷暗所で保存。カットしたものは、切り口をラップなどで覆い冷蔵庫へ。

温州みかん 【旬】冬

key word 1 出世みかん!?
9月から出回る甘酸っぱい極早生に始まり、甘みがのった中生〜晩生と翌年の3月頃まで味に変化を見せながら出回る。まるで出世魚のように。

key word 2 命綱
薄皮のところにある白い筋は維管束といい、いわば血管のようなもの。栄養を運ぶ器官なので栄養がある。取らずに食べよう。

key word 3 知らずに飲食
みかんの外皮を乾燥させたものを陳皮（チンピ）といい、漢方で用いられる。七味唐辛子の中の一味、がこの陳皮なのだ。

【成分／効能】ビタミンCが豊富で、冬場のビタミン補給に重宝。筋の部分にはビタミンPが含まれ、薄皮の部分にも食物繊維などが含まれる。豊富に含まれるクエン酸には疲労回復の効果も。
【選び方】皮がふかふかせず、しっとりとしている。皮は薄いものの方がよい。
【下ごしらえ】かつて給食で食べた冷凍みかん。作り方は、丸のまま皮をきれいに洗って水気をきって凍らせる。凍ったものを冷水にくぐらせ、再度凍らせることで、みかんの周りにシャリっとした氷の膜ができて完成。
【保存】風通しのよい冷暗所で保存する。箱に入れたものは、傷みやすいので蓋を開けたままにし、定期的に入れ替えを。

冬

日本野菜ソムリエ協会の人たちが本当に食べている美人食　食材別索引

食材が余ってしまったときに、この索引を利用して献立に役立ててください。

※この索引の見方
☆ ……… main
● ……… soup
◇ ……… side
◖ ……… donburi
▯ ……… juice

野菜

アスパラガス	P69☆
アボカド	P23◖
枝豆	P53☆　P67◇
えのきたけ	P31☆　P33●　P57●
エリンギ	P59●　P63☆
オクラ	P31●　P33☆　P47◖
かいわれ大根	P23◖　P33●　P67◇
かぶ	P21☆
かぶの葉	P21☆　P21
かぼちゃ	P19☆　P27◇　P53◇　P69◇
キャベツ	P29☆　P45◇
キュウリ	P27☆　P33●
小ねぎ	P23◖　P29●　P47◖　P63☆　P65●
	P69●
小松菜	P17◇　P31◇　P51☆　P61▯
グリーンピース	P45●
ゴーヤ	P19☆
ごぼう	P29●　P43●　P55☆
さつまいも	P21◖
里芋	P31◇
さやいんげん	P21☆　P39◇
椎茸(生)	P15◇　P17☆　P21◇　P31☆　P69●
椎茸(乾燥)	P35◖
ししとう	P15☆
しそ	P59◖
じゃがいも	P15◇　P51☆　P67◇　P69◇　P73◖
生姜	P15☆　P19☆　P31☆　P35◖　P39●
	P41☆　P53☆　P53●　P55☆　P63☆
	P69●　P73◖
スイートコーン(缶詰)	P27☆　P31●
セロリ	P43☆　P55☆　P61▯
大根	P21◇　P33●　P41☆　P57◇
大根(切干)	P29◇
大根葉	P15☆　P41●
大豆もやし	P17◇　P27●
玉ねぎ	P19☆　P19☆　P21☆　P21●　P31☆
	P33☆　P43☆　P45●　P51☆　P51●
	P53●　P55☆　P57◇　P63☆　P65●
	P69●　P69◇　P71◖
豆苗	P27●　P69◇
トマト	P19☆　P25▯　P27☆　P45☆　P53☆
	P55☆　P57●
トマト(缶詰)	P33☆　P51☆　P55☆　P69◇
長芋	P41☆　P47◖　P65◇
長ねぎ	P15☆　P31☆　P35◖　P39●　P41☆
	P43●　P51●　P53●
なす	P29☆　P51☆
なめこ	P15●
ニラ	P63●　P65☆
人参	P15☆　P17◇　P19☆　P33●　P37▯
	P43●　P45●　P53●　P55☆　P71▯
にんにく	P15◇　P17☆　P17☆　P19☆　P19◇
	P23◖　P33●　P35◖　P39●　P45●
	P51☆　P55☆　P57●　P63☆　P63●
	P65☆　P69●　P69◇　P71◖
にんにくの芽	P71◖
白菜	P31☆
バジル	P15◇　P69◇
パセリ	P27☆
パプリカ(赤)	P17☆　P25▯　P31☆　P35◖　P41☆
	P51☆　P55☆
パプリカ(黄)	P17☆　P41☆　P51☆
ピーマン(緑)	P17☆　P43●
ピーマン(赤)	P15☆　P39◇　P43●
プチトマト	P19●　P27☆　P29☆　P33●
ぶなしめじ	P15◇　P31☆　P33●　P35◖
ブロッコリー	P29☆　P53◇　P59●
ブロッコリースプラウト	P59◖
ベビーリーフ	P51☆
ほうれん草	P17◇　P39●　P57☆　P63●
舞茸	P15◇　P57☆
水菜	P27☆　P29☆　P35◖　P41☆　P47◖
	P57◇
みょうが	P55☆
ミント	P73◖
モロヘイヤ	P19●
もやし	P69●
大和芋	P43☆
ルッコラ	P57◇
レタス	P19☆　P33●
れんこん	P43●　P53●

豆・豆腐

油揚げ	P41 ●
高野豆腐	P43 ●
大豆(水煮)	P33 ◇
納豆	P47 ■
ミックスビーンズ	P21 ●
木綿豆腐	P67 ◇

果物

オレンジ	P55 ◇			
キウイフルーツ	P19 ■	P55 ■		
グレープフルーツ	P25 ▭	P45 ◇	P51 ◇	
バナナ	P37 ■			
ブルーベリー	P49 ▭	P57 ◇		
マンゴー	P53 ☆			
みかん	P49 ■			
みかんの皮(陳皮)	P49 ▭			
柚子の皮	P21 ◇	P43 ●		
リンゴ	P37 ▭	P55 ◇	P61 ▭	P67 ☆
レモン	P23 ■	P27 ☆	P33 ◇	P37 ■ P45 ◇

厚生労働省が「健康日本21」で推奨する、健康を維持するために必要な野菜摂取量は、成人で1日350g以上です。生なら両手に1杯、火を通したものなら片手1杯分が一食の目分量になります。健康に気を配りつつ、自然の恵みや効能を美味しくいただきましょう。

野菜ソムリエ プロフィール

久保ゆりか (シニア野菜ソムリエ)／レシピ担当：p.14～25
フードコーディネーターやアスリートフードマイスターの資格を持つ。パン屋、和食ホテルで調理を学び、フードコーディネーターとして活動中。料理教室講師、レシピ開発、メニュー提案、雑誌・カタログの料理撮影等を手がけている。野菜好きが高じて2011年7月に全国最少・九州初のシニア野菜ソムリエの資格を取得。http://yuririn0124.blog.bbiq.jp/blog/

T.Little Kitchen (野菜ソムリエ)／レシピ担当：p.26～37
講演、料理教室講師のほか、雑誌連載や飲食店のレシピ開発などを行う。地元・三重県の野菜や特産品にもこだわり、食育や健康効果も含めて 野菜、果物の魅力と楽しみ方を伝えている。 TBS「はなまるマーケット」の「絶賛レシピ」に選ばれるほか、数々の料理コンテストで入賞。主婦目線で作る、栄養バランスと彩りのあるレシピが得意。http://tlittlekitchen.jimdo.com/

タナカトウコ (野菜ソムリエ)／レシピ担当：p.38～49
ベジフルビューティーアドバイザー、漢方臨床指導士、養生薬膳アドバイザー等の資格も併せ持つ。広告代理店勤務を経て、現在はフリーランスとして活動。自身の経験から、食と心とからだのメカニズムに興味を持ち、野菜や東洋医学、薬膳などを学びはじめる。現在は、レシピ開発や各種企画、執筆など活動は多岐にわたる。http://urahara-geidai.net/prof/tanaka/

野口知恵 (野菜ソムリエ)／レシピ担当：p.50～61
管理栄養士。大学卒業後、食品メーカーにて勤務。退職後、コルドンブルー神戸校にてフランス菓子ディプロムを取得。「おいしい！」の感動を多くの人と感じることをモットーとし、レシピ開発やイベント・セミナー講師、料理・お菓子教室講師、栄養指導などを行う。2007年より野菜ソムリエユニット「GreenCharms」としても活動。http://ameblo.jp/greencharms/

星野訓生 (野菜ソムリエ)／レシピ担当：p.62～73
主夫料理家、日本野菜ソムリエ協会講師。東京・新宿にある老舗のそば屋で生まれ育ち、大学卒業後は食品メーカー勤務や店舗経営も経験。現在は豊富な調理経験をもとに、豊富な調理経験と経済（商売）理論を活かしてレシピ開発や講師・技術指導等を行っている。多くの料理コンテストでの受賞もしている。http://vegesommelire.blog27.fc2.com/

著者プロフィール
日本野菜ソムリエ協会

2001年08月に日本ベジタブル＆フルーツマイスター協会として発足。同年10月より、東京にてベジタブル＆フルーツマイスター養成講座（現：野菜ソムリエ養成講座）第1期を開講し、その後、タイや、韓国で養成講座を開講。2010年04月に、協会名および資格名を変更し、日本野菜ソムリエ協会として現在に至る。2011年の受講者は累計4万人に達するほどの人気資格となる。「日常的に食を楽しめる社会」、「農業を次世代に継承できる社会」を創造するために野菜ソムリエ、企業、自治体などと連携してさまざまな活動を行っている。
詳しくはHPで　http://www.vege-fru.com/

日本野菜ソムリエ協会の人たちが本当に食べている美人食

平成24年4月10日　初版第1刷発行

著者	日本野菜ソムリエ協会
発行者	竹内和芳
発行所	祥伝社
	〒101-8701
	東京都千代田区神田神保町3-3
	電話03(3265)2117(編集部)
	電話03(3265)2081(販売部)
	電話03(3265)3622(業務部)

制作スタッフ	
レシピ考案	久保ゆりか
	T.Little Kitchen
	タナカトウコ
	野口知恵
	星野訓生
レシピ監修・カロリー計算	岸村康代(管理栄養士／野菜ソムリエ)
野菜重量計算	安達のりこ(料理教室【nosyu】http://nosyu-cooking.com/)
編集協力	西本恵美、安島夏(日本野菜ソムリエ協会)
野菜協力	株式会社まつの
装丁＆デザイン	羽根田ヨシノ
写真	久保田礼子
調理＆スタイリング	吉岡久美子
編集	澤田美樹
取材	山崎明日香
印刷	大日本印刷
製本	ナショナル製本

ISBN978-4-396-43049-8 C0077
©2012 Japan Vegetable Sommelier association Printed in Japan

本書の無断複写は著作法上での例外を除き禁じられています。また、代行業者など購入者以外の第三者による電子データ化及び電子書籍化は、たとえ個人や家庭内での利用でも著作法違反です。

造本には十分注意しておりますが、万一、落丁・乱丁などの不良品がありましたら、「業務部」宛にお送りください。ただし、古書店で購入されたものについてはお取り替えできません。